3-bande carambole: Bande første mønstre

Fra professionelle mesterskabsturneringer

Test dig selv mod professionelle spillere

Allan P. Sand
PBIA Certificeret billard instruktør

ISBN 978-1-62505-253-7
PRINT 7x10

ISBN 978-1-62505-396-1
PRINT 8.5x11

First edition

Published by Billiard Gods Productions.

Santa Clara, CA 95051

U.S.A.

For the latest information about books and videos, go to: http://www.billiardgods.com

Acknowledgements

Wei Chao created the software that was used to create these graphics.

Indholdsfortegnelse

Other books by the author ...

    3 Cushion Billiards Championship Shots (a series)

    Carom Billiards: Some Riddles & Puzzles

    Carom Billiards: MORE Riddles & Puzzles

    Why Pool Hustlers Win

    Table Map Library

    Safety Toolbox

    Cue Ball Control Cheat Sheets

    Advanced Cue Ball Control Self-Testing Program

    Drills & Exercises for Pool & Pocket Billiards

    The Art of War versus The Art of Pool

    The Psychology of Losing – Tricks, Traps & Sharks

    The Art of Team Coaching

    The Art of Personal Competition

    The Art of Politics & Campaigning

    The Art of Marketing & Promotion

    Kitchen God's Guide for Single Guys

Introduktion

Dette er en af en række 3-bande carambola bøger, der viser, hvordan professionelle spillere træffer beslutninger, baseret på bordlayoutet. Alle disse layouts er fra internationale konkurrencer.

Disse layouts sætter dig inde i afspillerens hoved, begyndende med boldens positioner (vist i den første tabel). Den anden tabel layout viser, hvad spilleren besluttede at gøre.

Om bordlayouterne

Hver konfiguration har to tabellayouter. Den første tabel er boldpositionerne. Den anden tabel er, hvordan boldene bevæger sig på bordet.

Dette er de tre bolde på bordet:

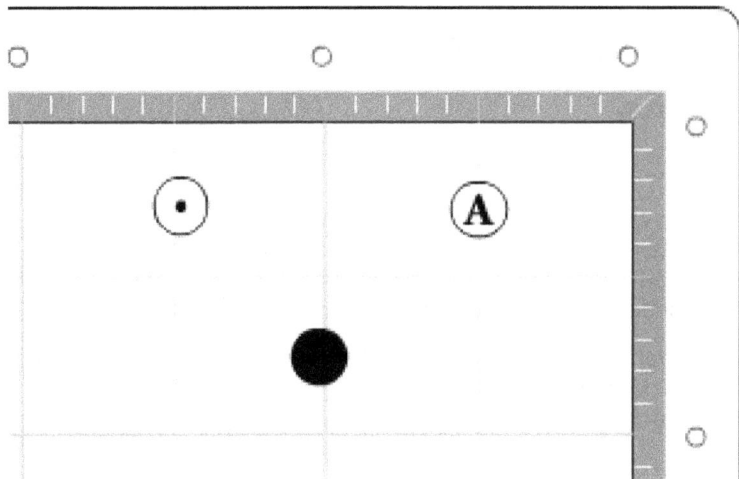

Ⓐ (CB) (din billardkugle)

☉ (OB) (modstander billardkugle)

● (OB) (rød billardkugle)

Indstillinger for tabelopsætning

Brug papirbindingsringe til at markere boldpositionerne (køb hos enhver kontorforretning).

Placer en mønt på hver bande, at (CB) vil røre ved.

Sammenlign din (CB) -sti med den anden tabelkonfiguration. For at lære, kan du have brug for flere forsøg. Efter hvert svigt skal du foretage justering og prøve igen, indtil du har succes.

Formål med layouterne

Disse layouter leveres til to formal:

- Din analyse - I hjemmet kan du overveje, hvordan du spiller konfigurationen på den første tabel. Sammenlign dine ideer til det faktiske mønster på den anden bord. Tænk på din løsning, og overvej muligheder. Fra den anden tabel kan du også analysere, hvordan man følger mønsteret. Mentalt spiller skuddet og bestemmer, hvordan du kan lykkes.

- Øv bordkonfigurationen - Placer bolderne på plads i henhold til den første tabelkonfiguration. Prøv at skyde på samme måde som det andet bordmønster. Du kan have brug for mange forsøg, før du finder den rigtige måde at spille på. Sådan kan du lære og spille disse skud under konkurrencer og turneringer.

Kombinationen af mental analyse og praktisk praksis vil gøre dig til en smartere spiller.

A: 1 bande først

Den (CB) går i en bande og derefter ind i den første (OB). Den (CB) kontakter derefter to (eller flere) bordbander og derefter ind i den anden (OB).

Ⓐ (CB) (din billardkugle) – ⊙ (OB) (modstander billardkugle) – ⬤ (OB) (rød billardkugle)

A: Gruppe 1

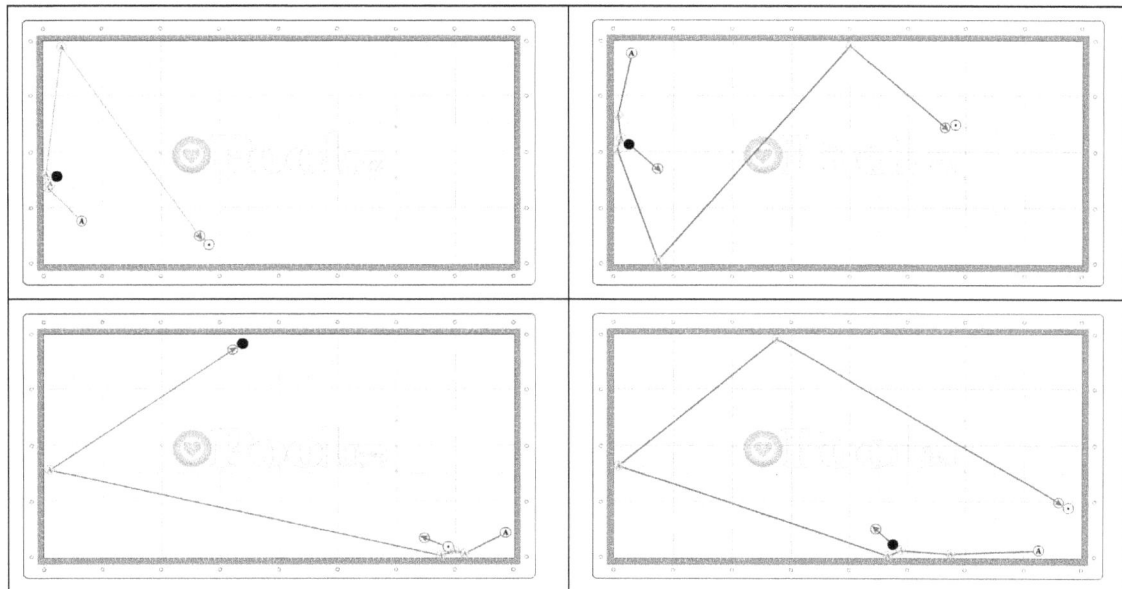

Analyse:

A:1a. _____

A:1b. _____

A:1c. _____

A:1d. _____

A:1a – Setup

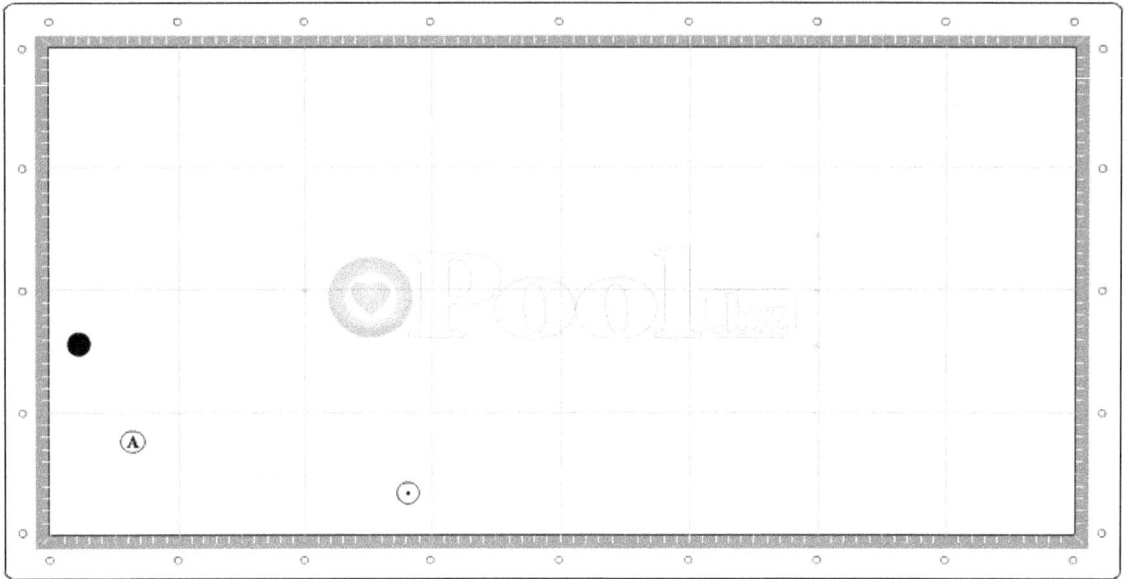

Noter og ideer:

Afspilning mønster

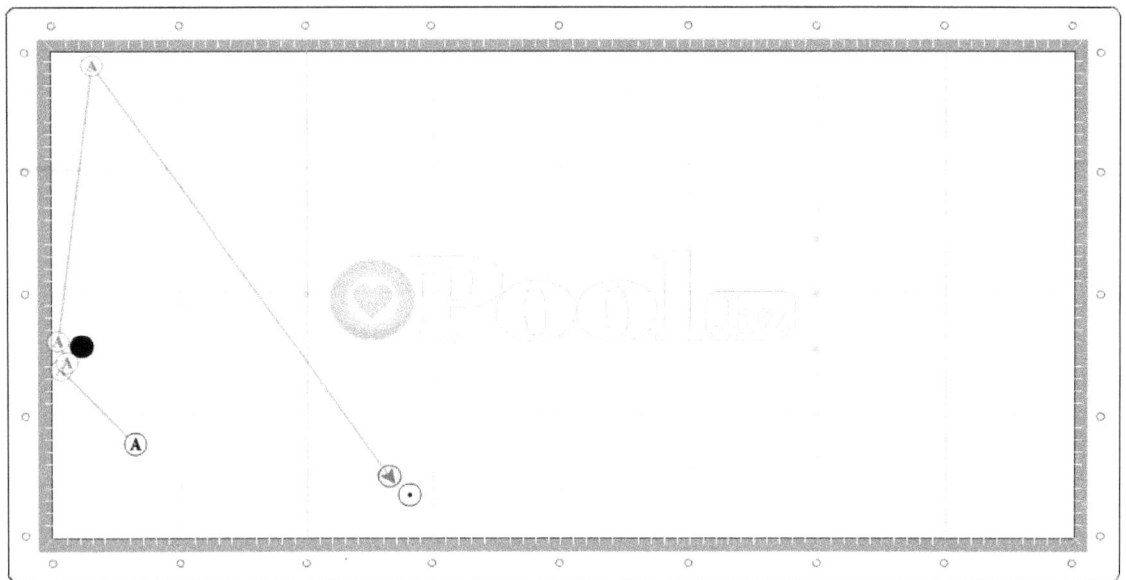

A:1b – Setup

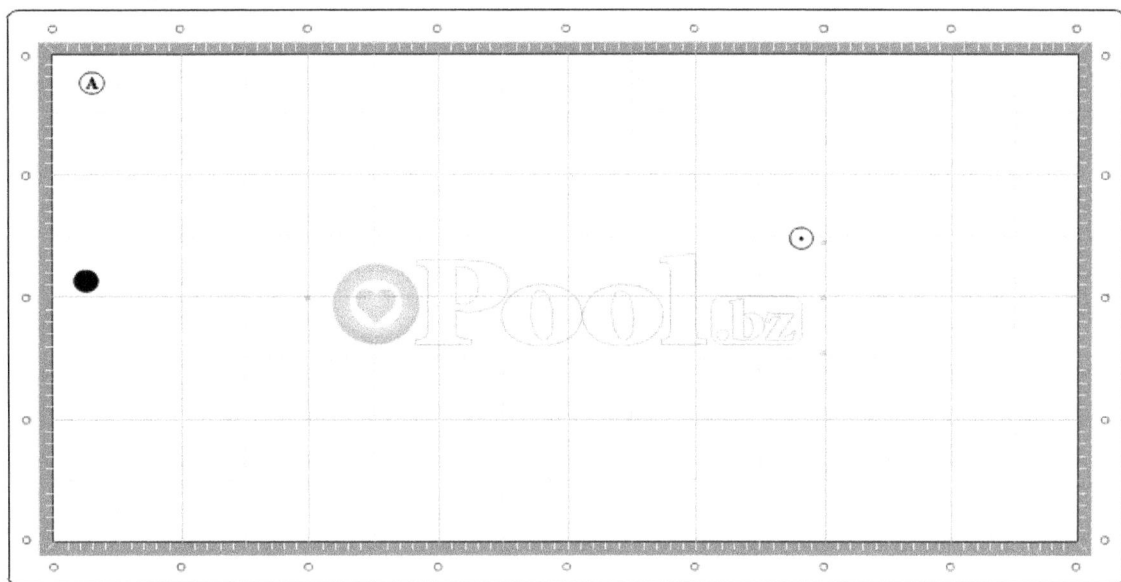

Noter og ideer:

Afspilning mønster

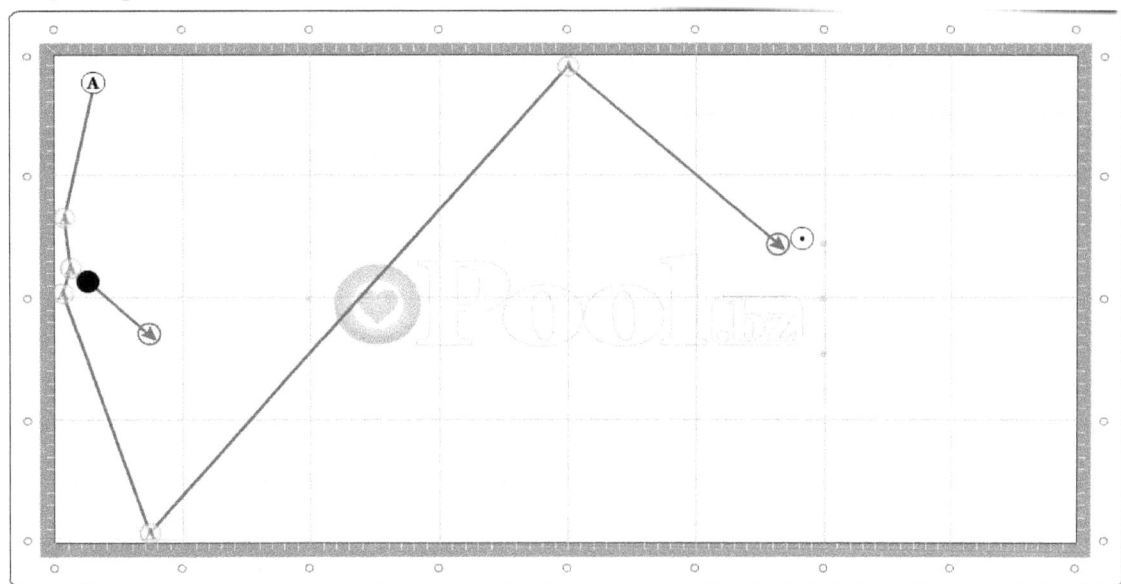

A:1c – Setup

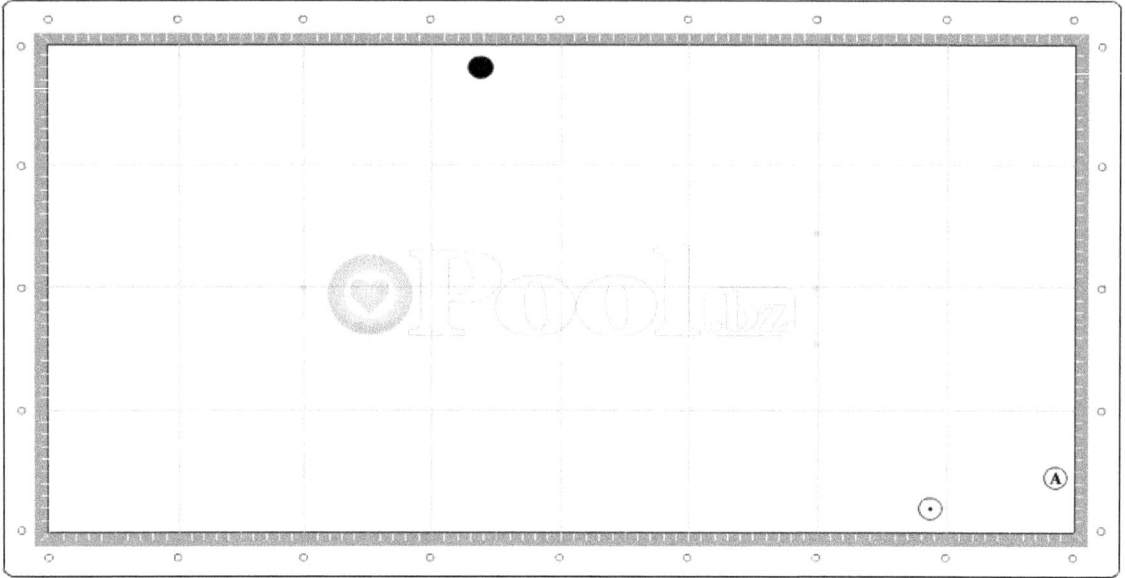

Noter og ideer:

Afspilning mønster

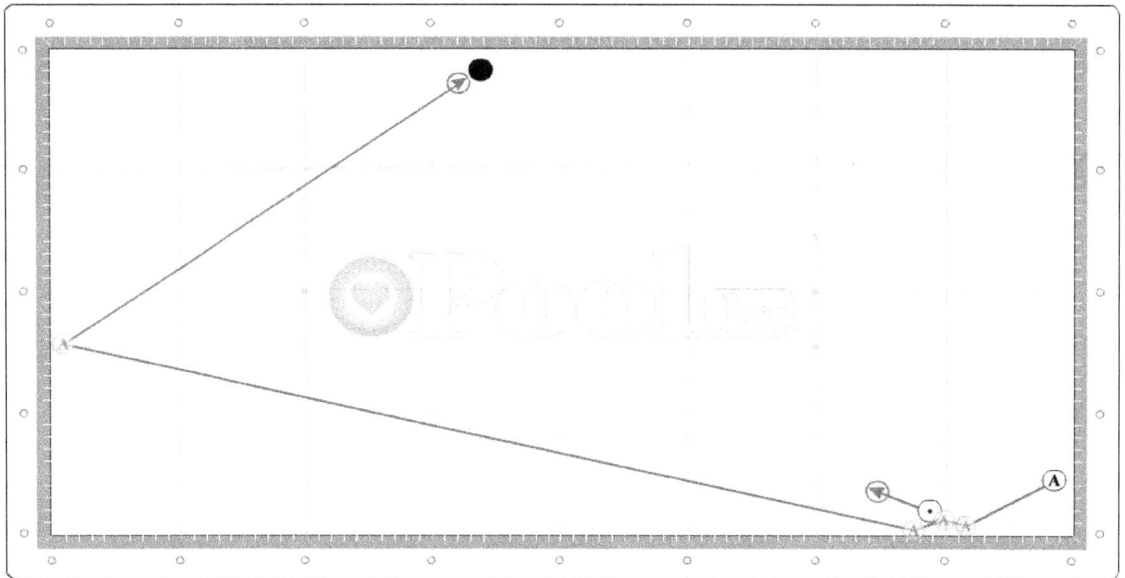

A:1d – Setup

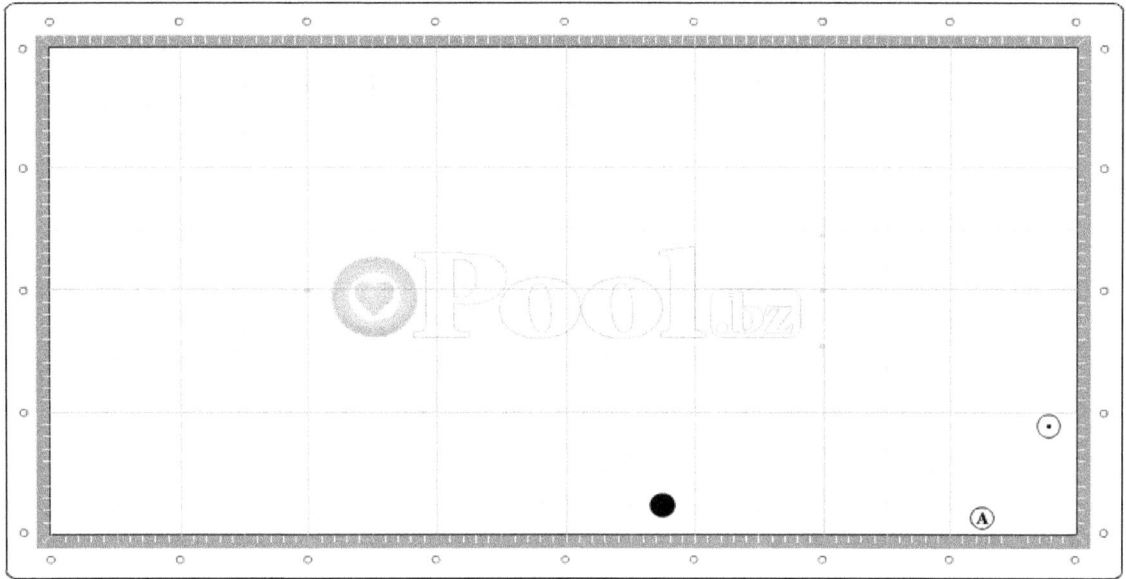

Noter og ideer:

Afspilning mønster

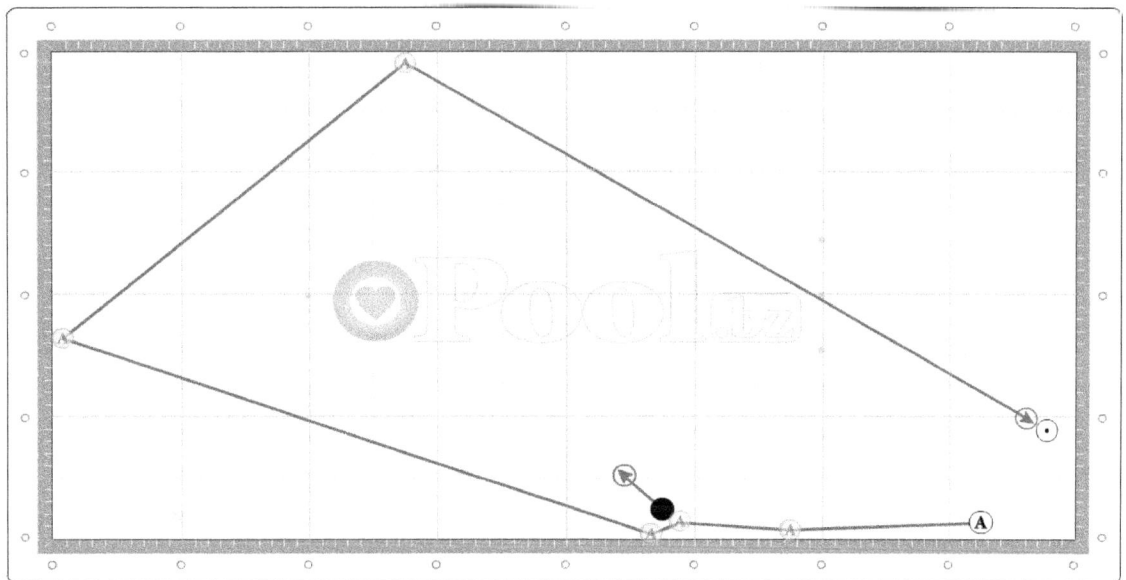

A: Gruppe 2

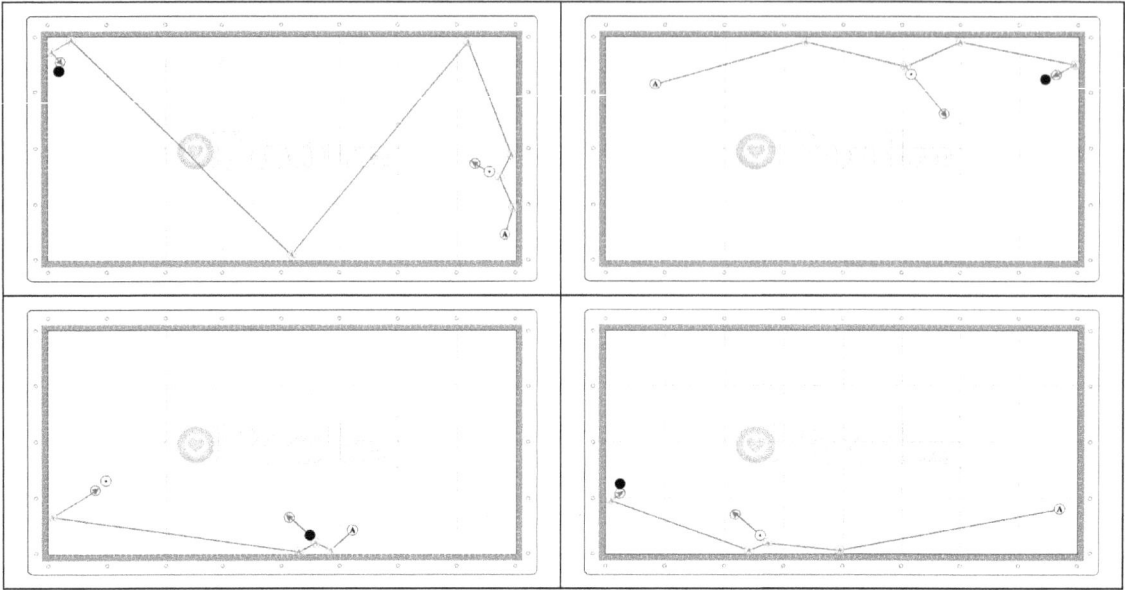

Analyse:

A:2a. _____

A:2b. _____

A:2c. _____

A:2d. _____

A:2a – Setup

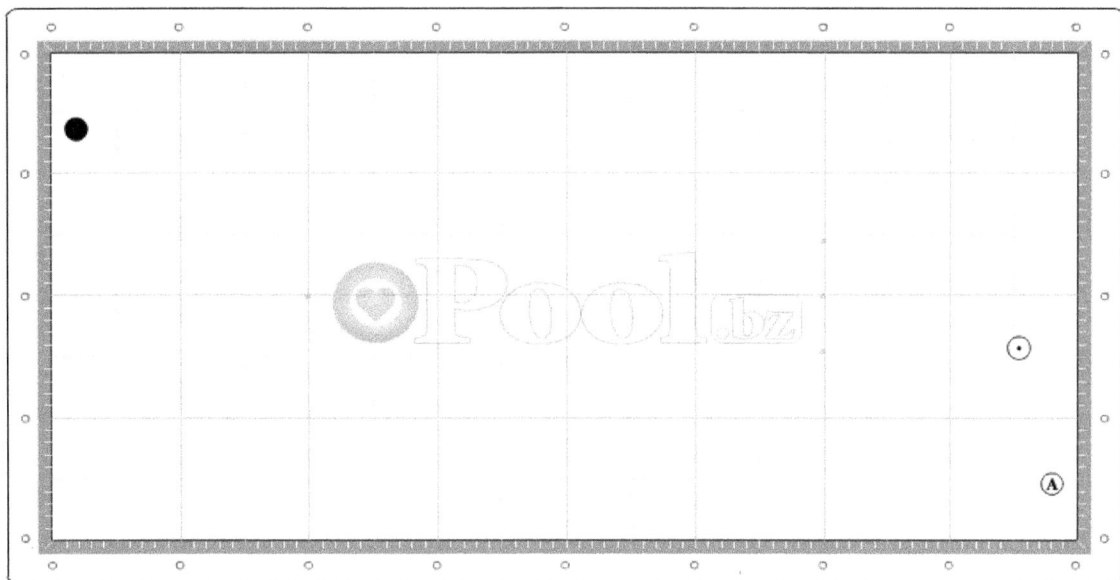

Noter og ideer:

Afspilning mønster

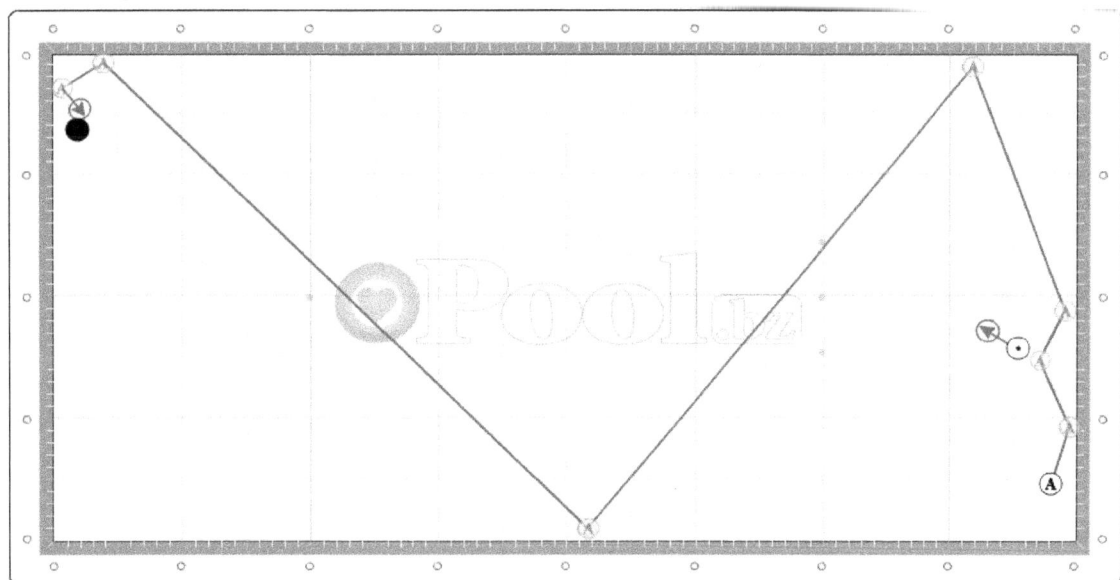

A:2b – Setup

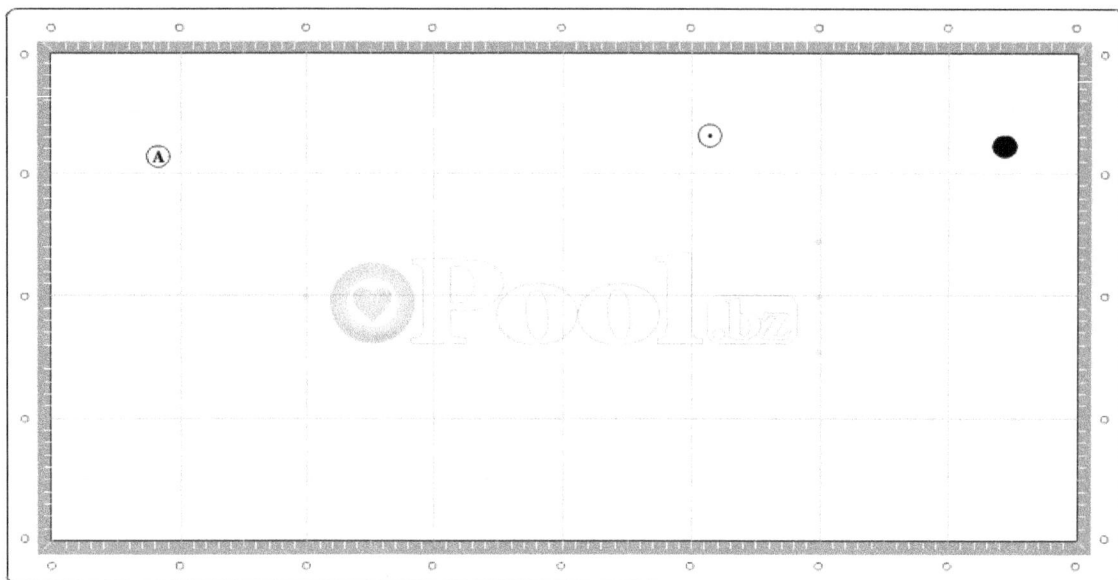

Noter og ideer:

Afspilning mønster

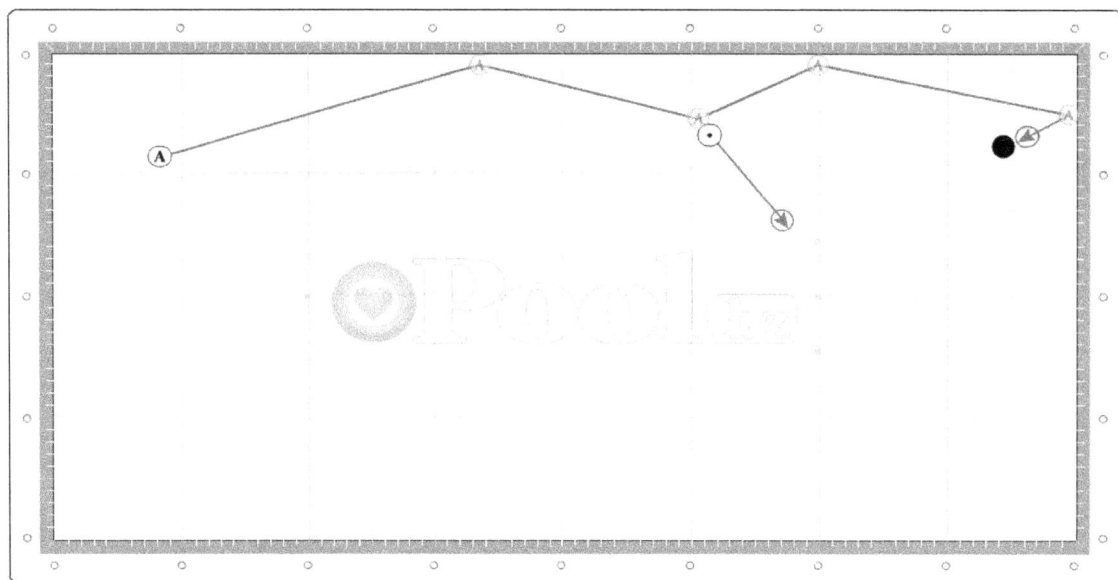

A:2c – Setup

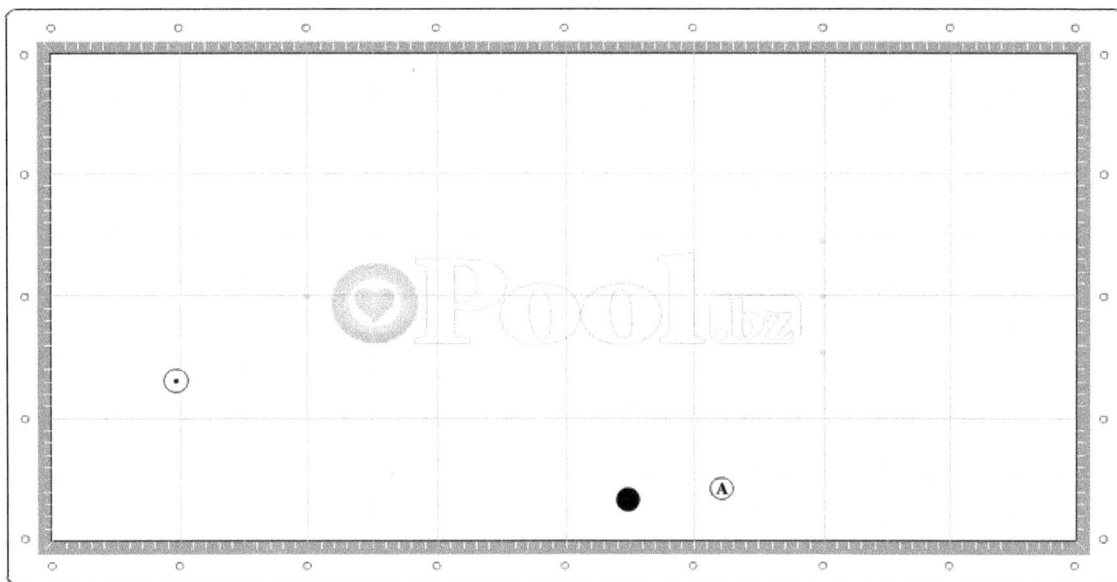

Noter og ideer:

Afspilning mønster

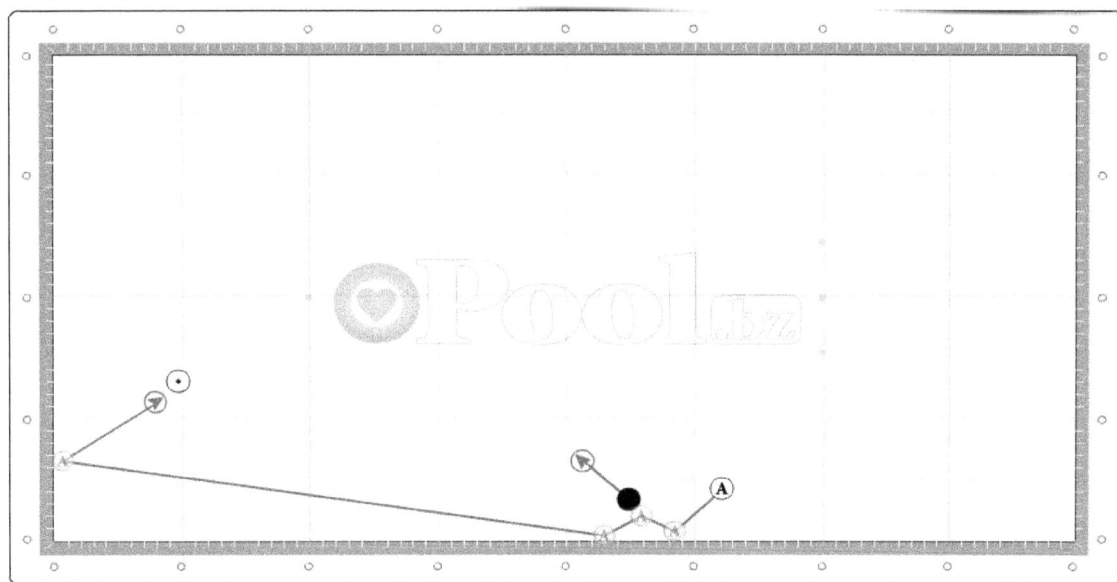

A:2d – Setup

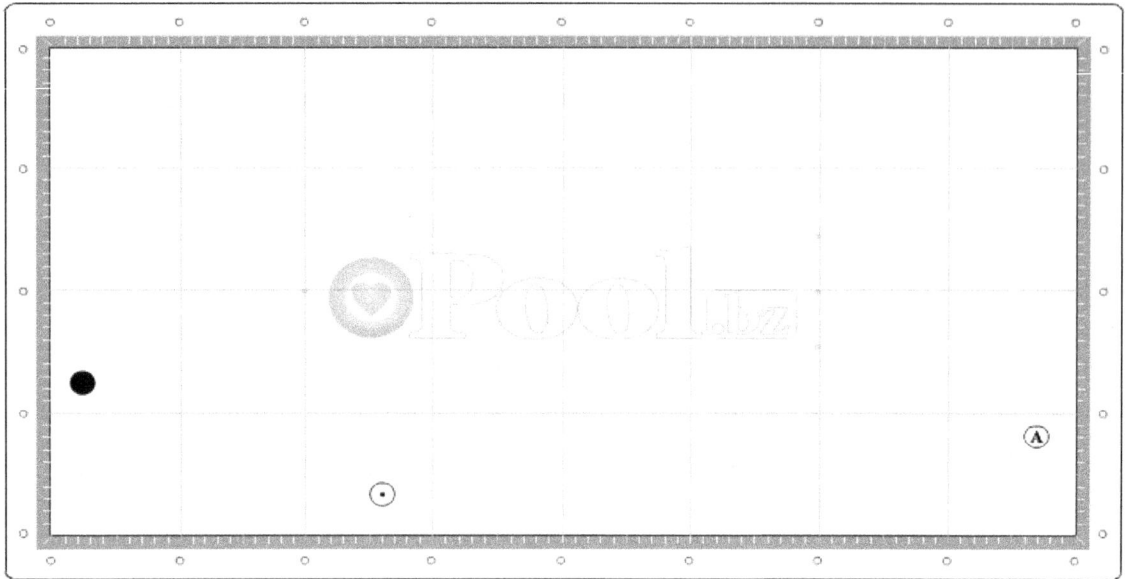

Noter og ideer:

Afspilning mønster

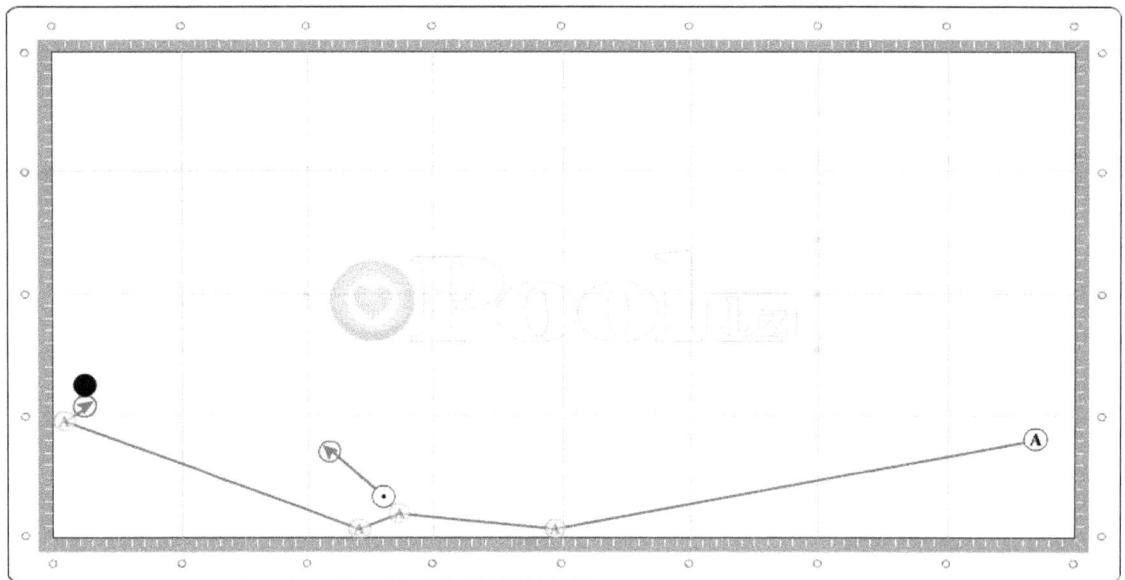

A: Gruppe 3

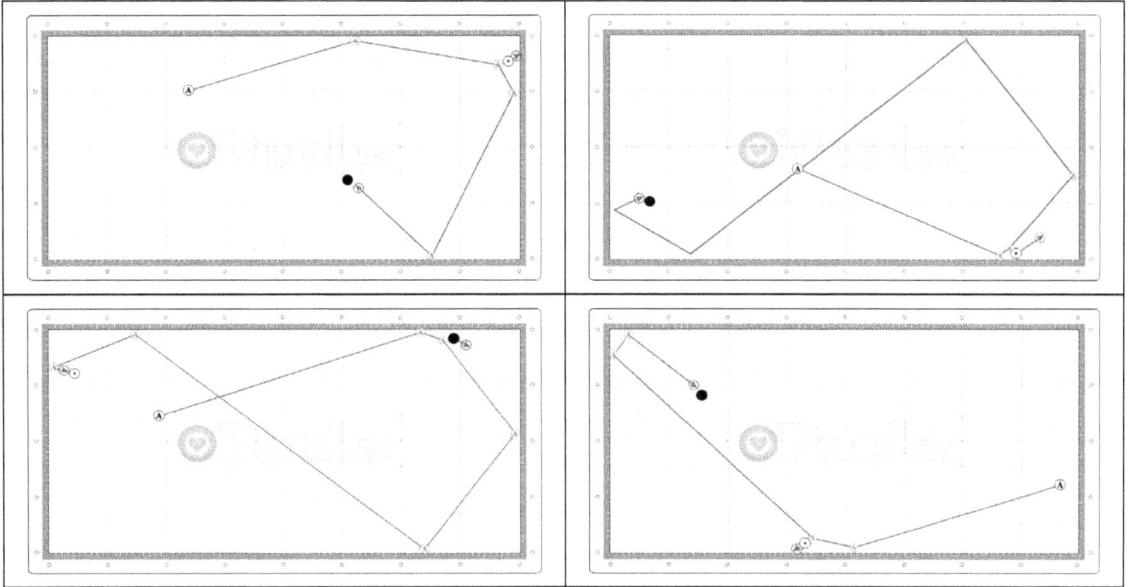

Analyse:

A:3a. _____

A:3b. _____

A:3c. _____

A:3d. _____

A:3a – Setup

Noter og ideer:

Afspilning mønster

A:3b – Setup

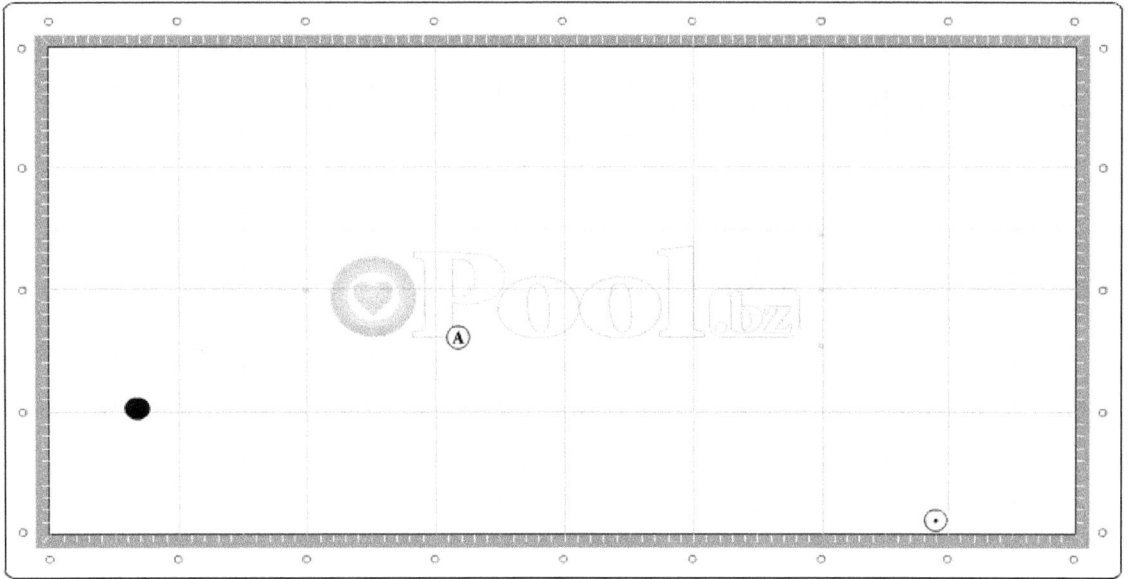

Noter og ideer:

Afspilning mønster

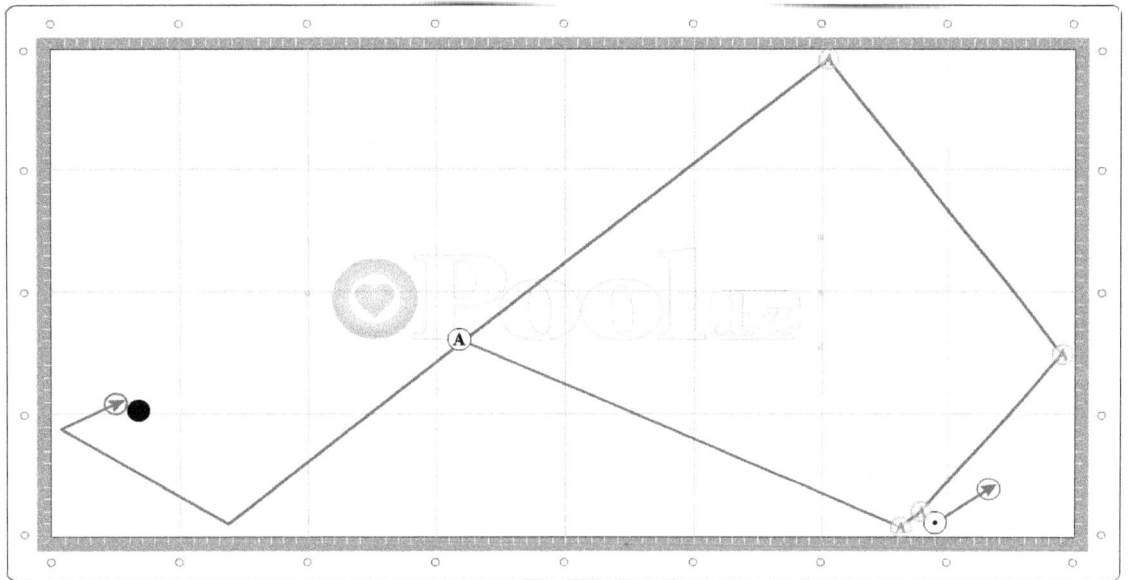

A:3c – Setup

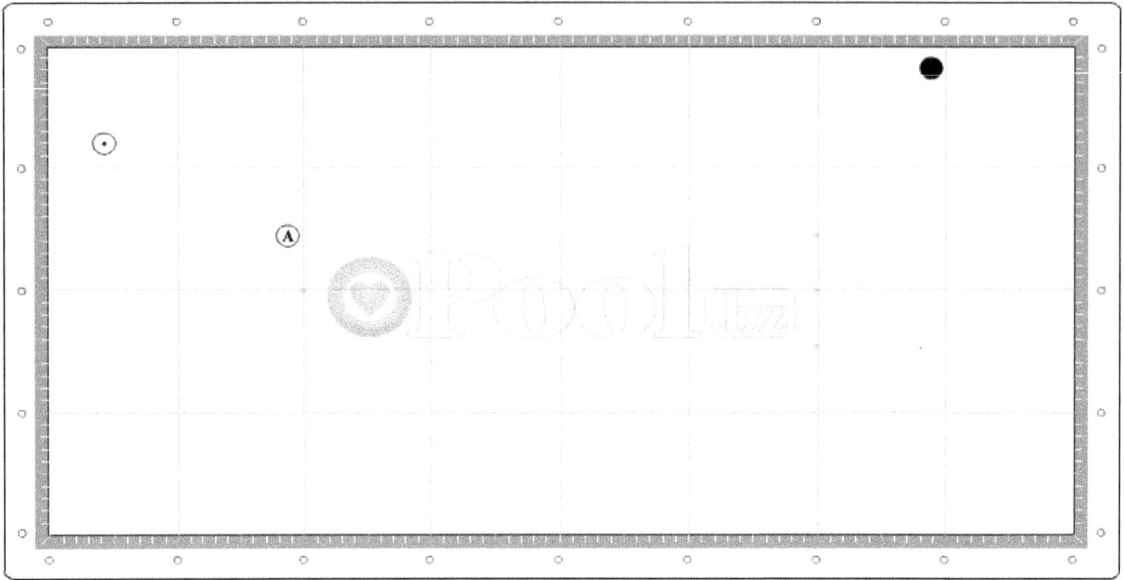

Noter og ideer:

Afspilning mønster

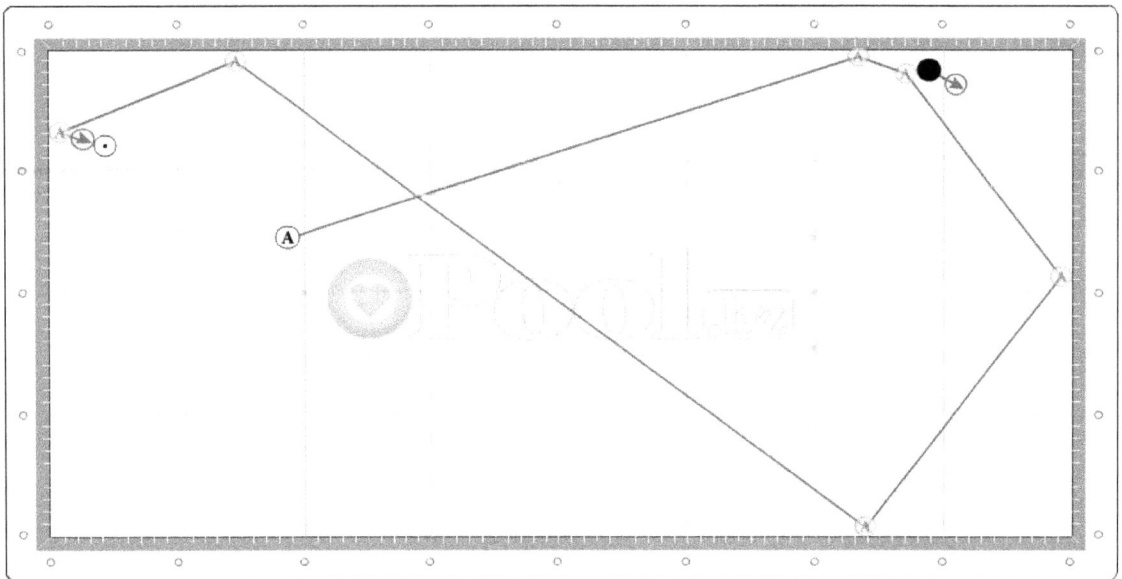

A:3d – Setup

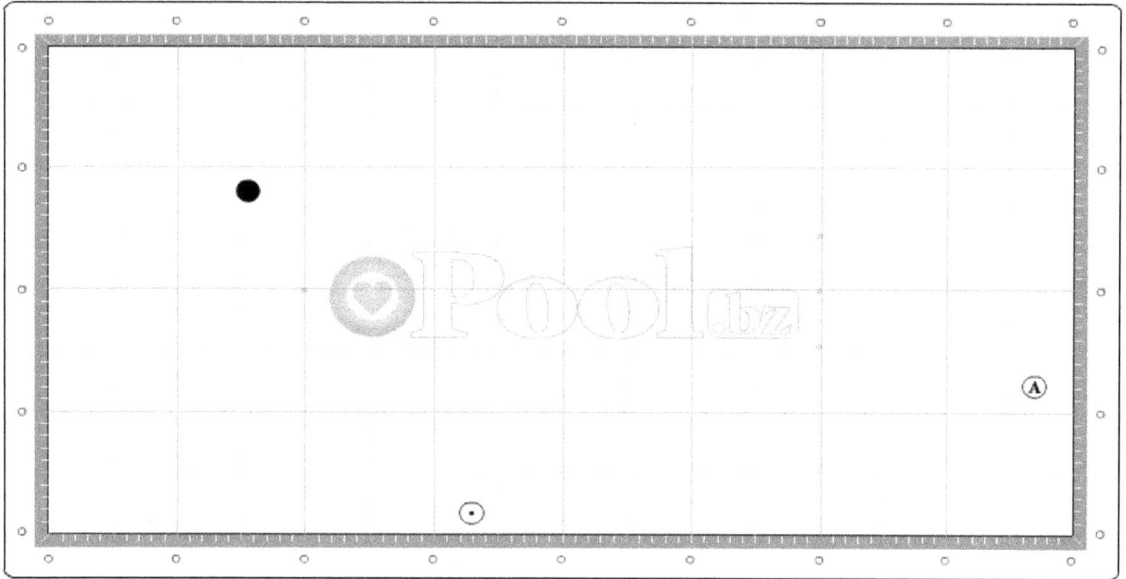

Noter og ideer:

Afspilning mønster

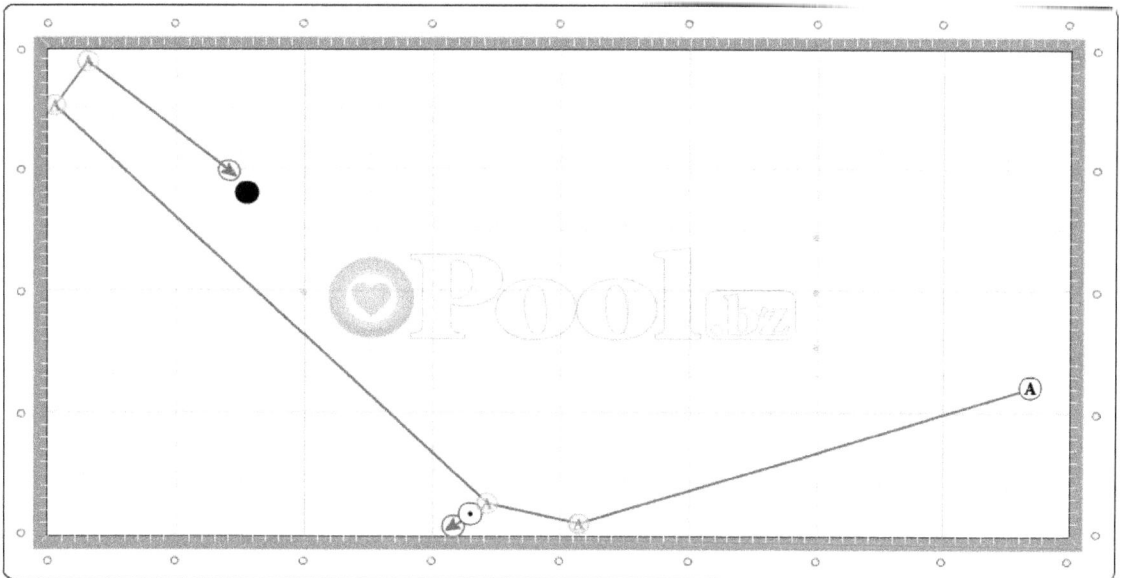

A: Gruppe 4

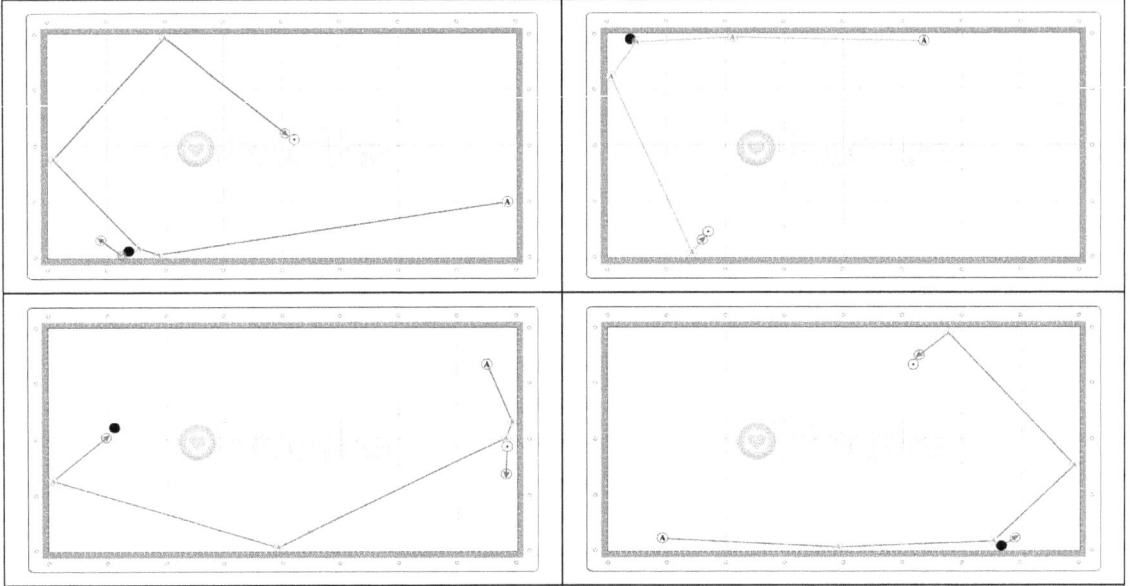

Analyse:

A:4a. _____

A:4b. _____

A:4c. _____

A:4d. _____

A:4a – Setup

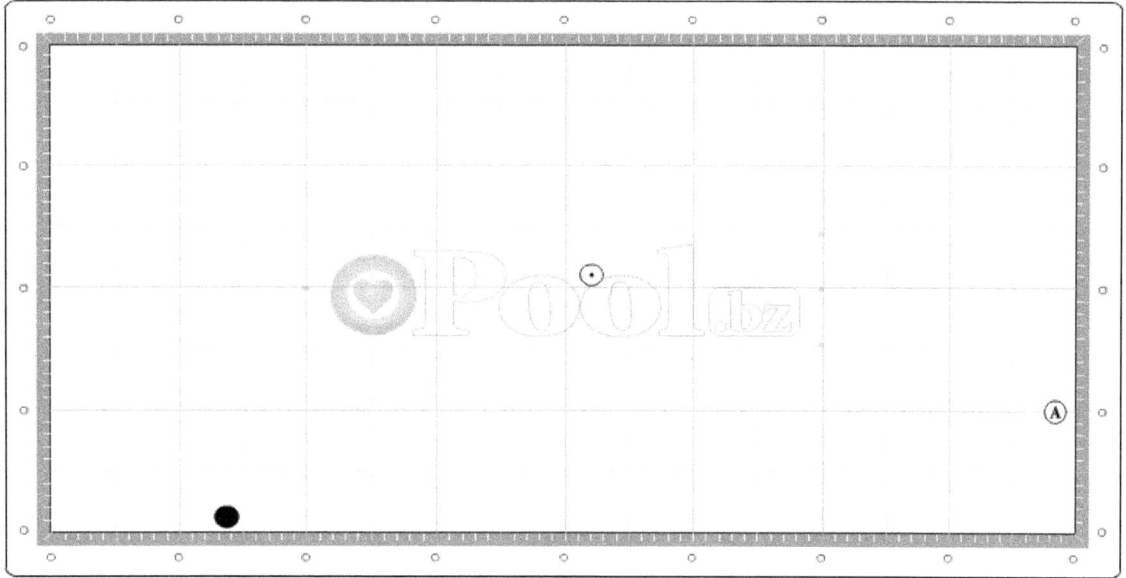

Noter og ideer:

Afspilning mønster

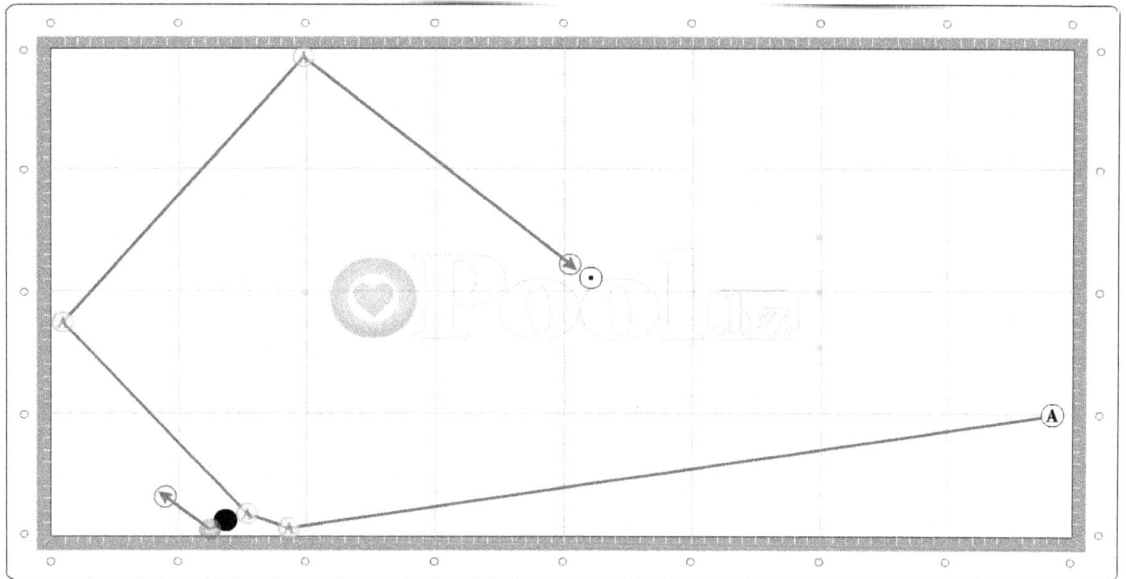

A:4b – Setup

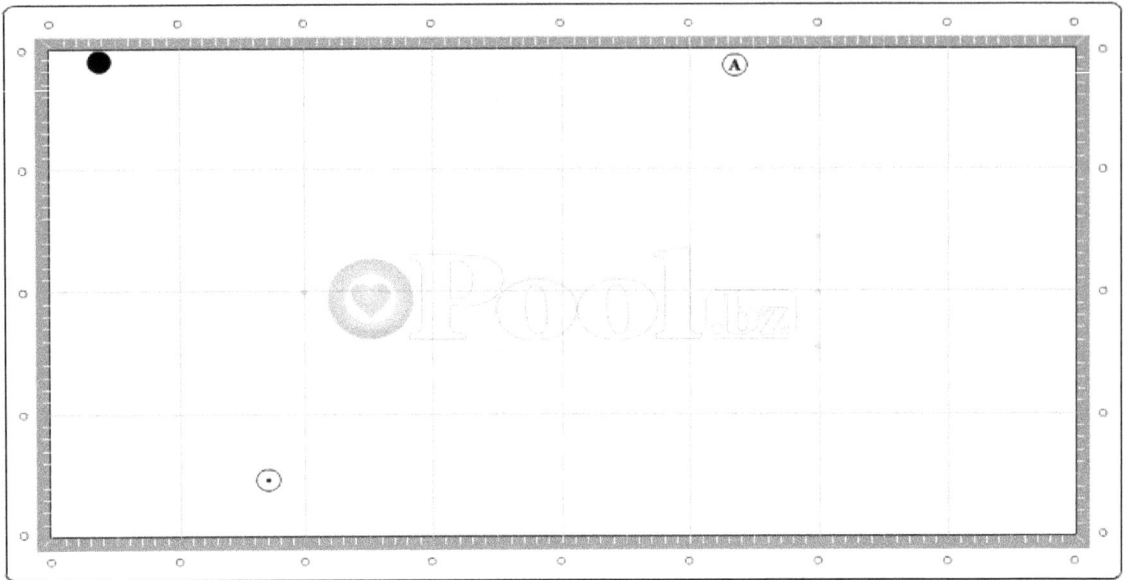

Noter og ideer:

Afspilning mønster

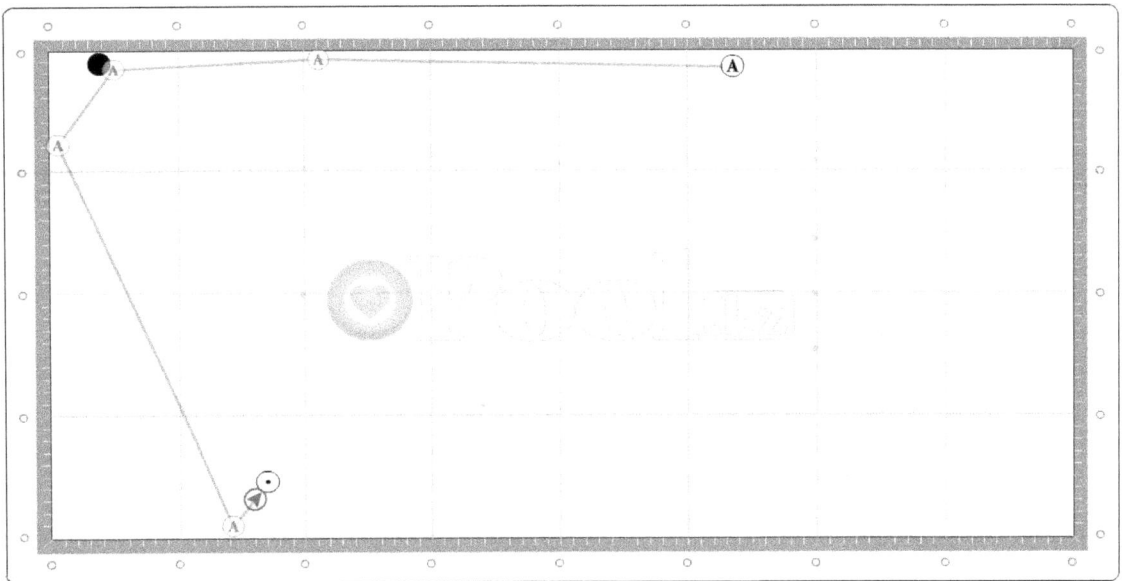

A:4c – Setup

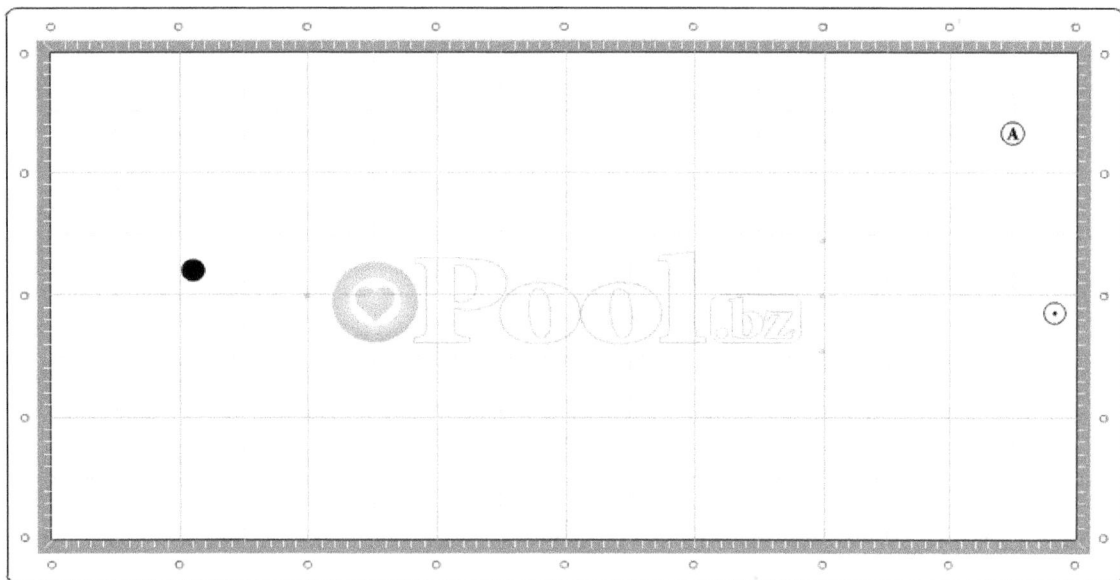

Noter og ideer:

Afspilning mønster

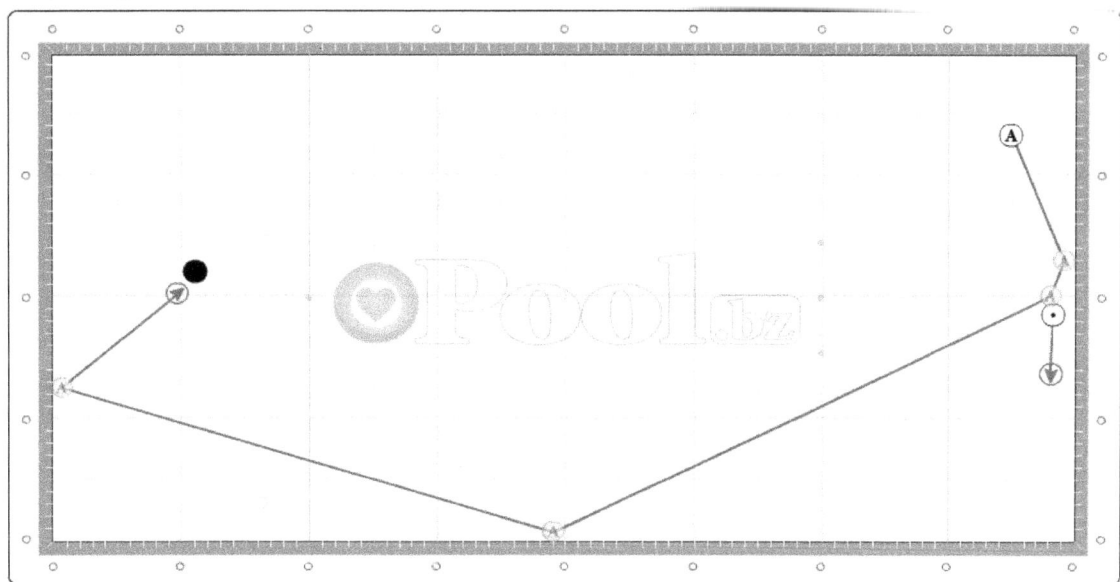

A:4d – Setup

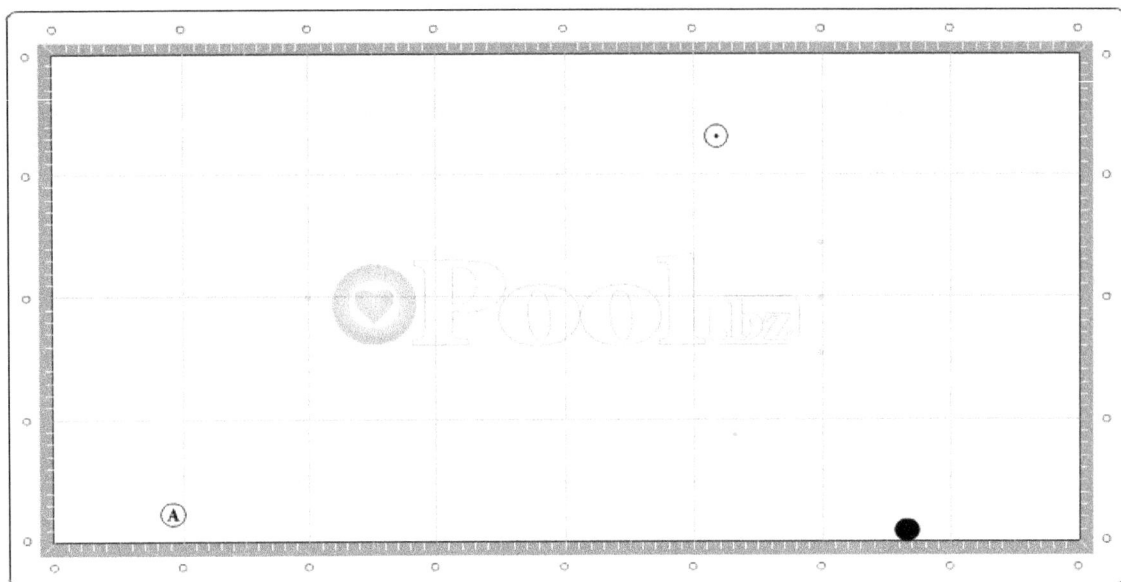

Noter og ideer:

Afspilning mønster

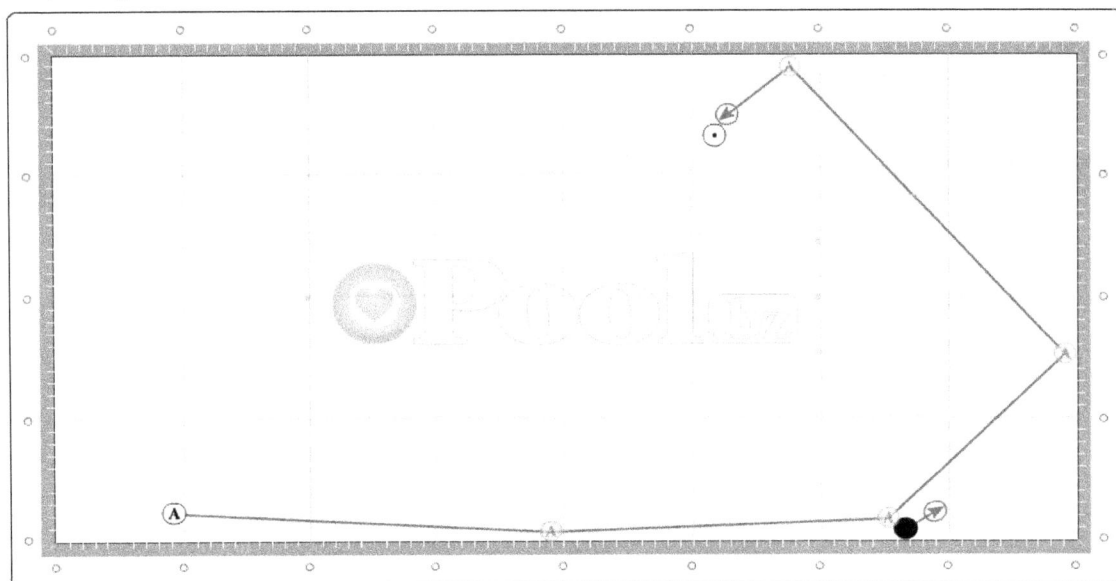

B: 1 bande i et hjørne

(CB) kontakter en bordside først og derefter kontakter den første (OB). Den (CB) går derefter ind i hjørnet for yderligere to bander. Når (CB) kommer ud af hjørnet for at komme i kontakt med det andet (OB) for partituret.

(A) (CB) (din billardkugle) – (•) (OB) (modstander billardkugle) – ⬤ (OB) (rød billardkugle)

B: Gruppe 1

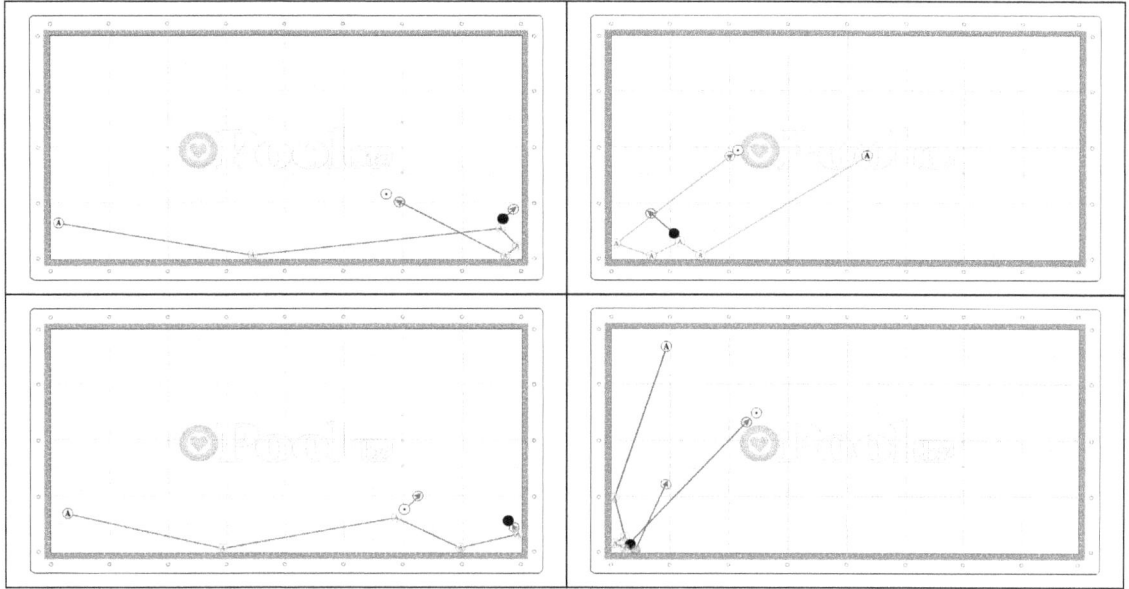

Analyse:

B:1a. _____

B:1b. _____

B:1c. _____

B:1d. _____

B:1a – Setup

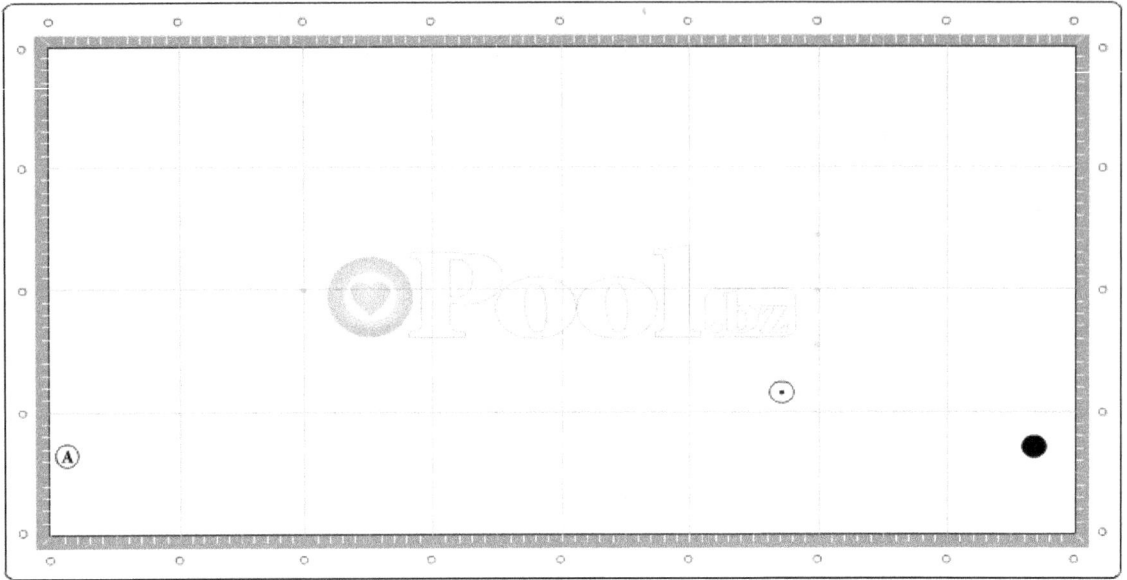

Noter og ideer:

Afspilning mønster

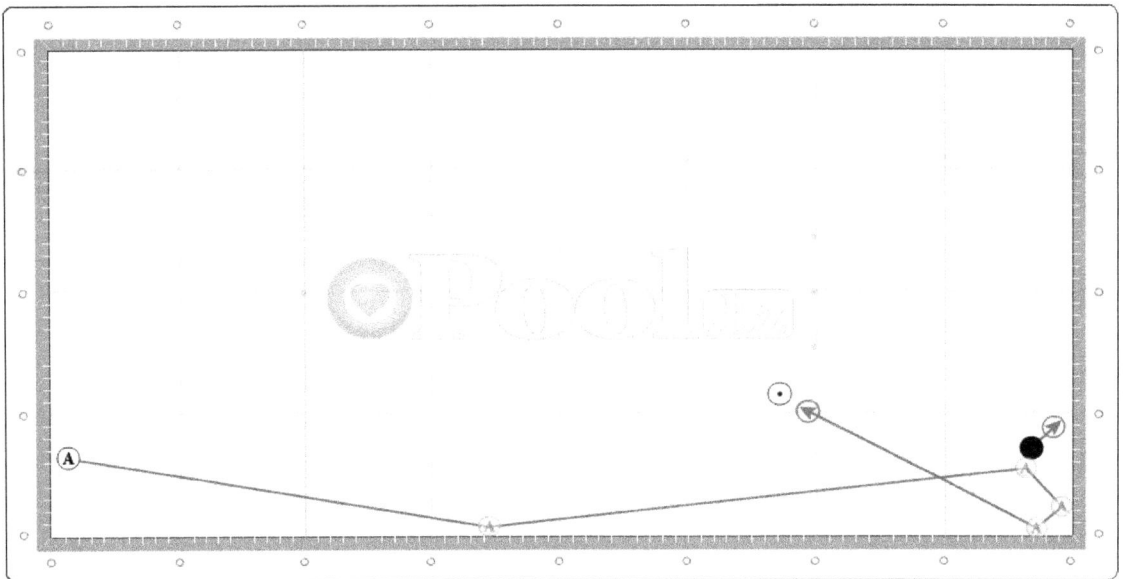

B:1b – Setup

Noter og ideer:

Afspilning mønster

B:1c – Setup

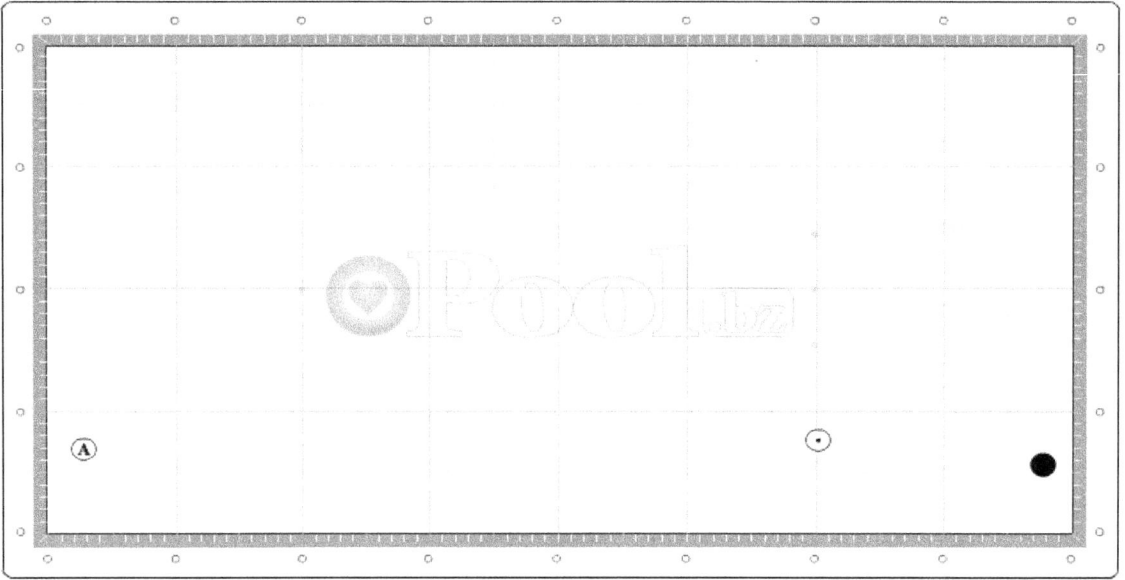

Noter og ideer:

Afspilning mønster

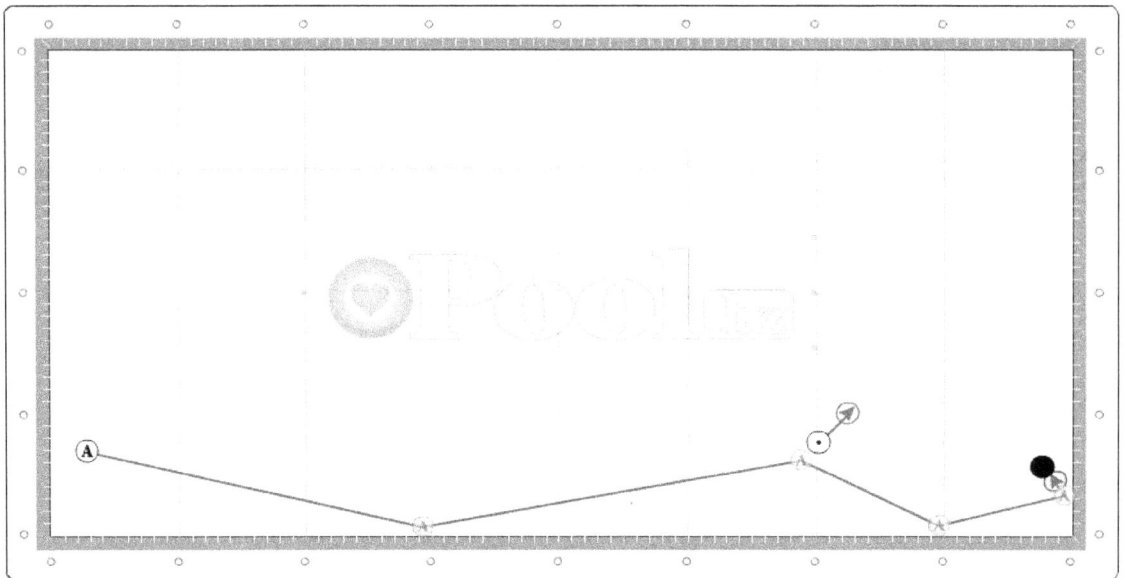

B:1d – Setup

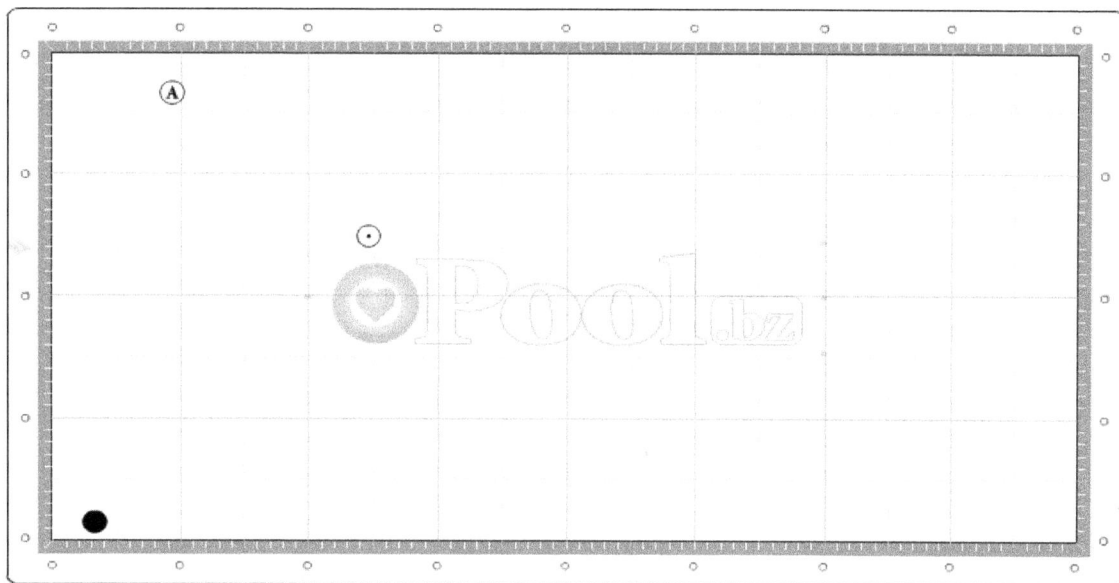

Noter og ideer:

Afspilning mønster

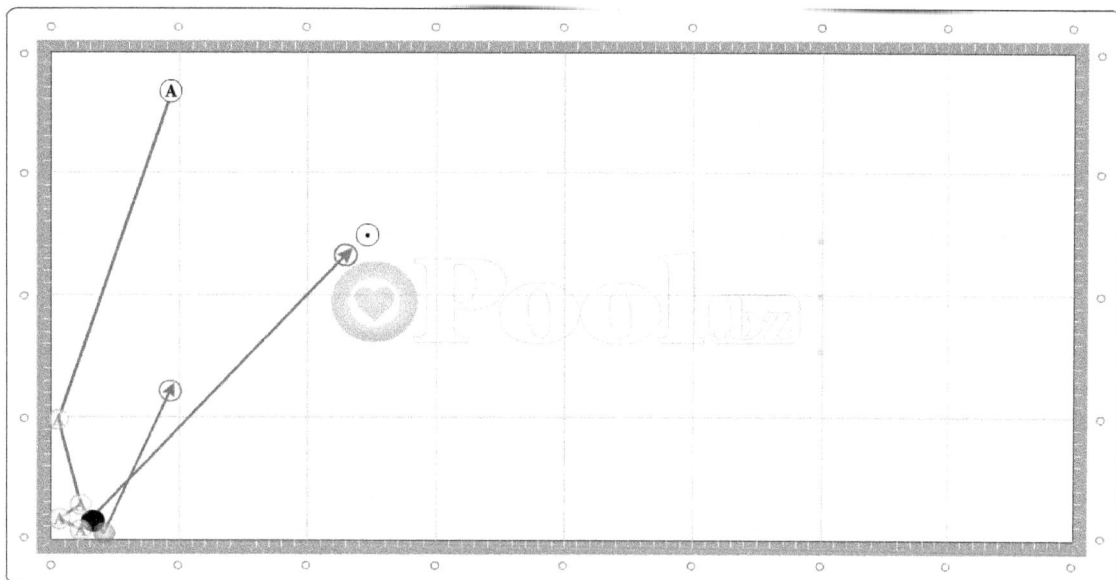

B: Gruppe 2

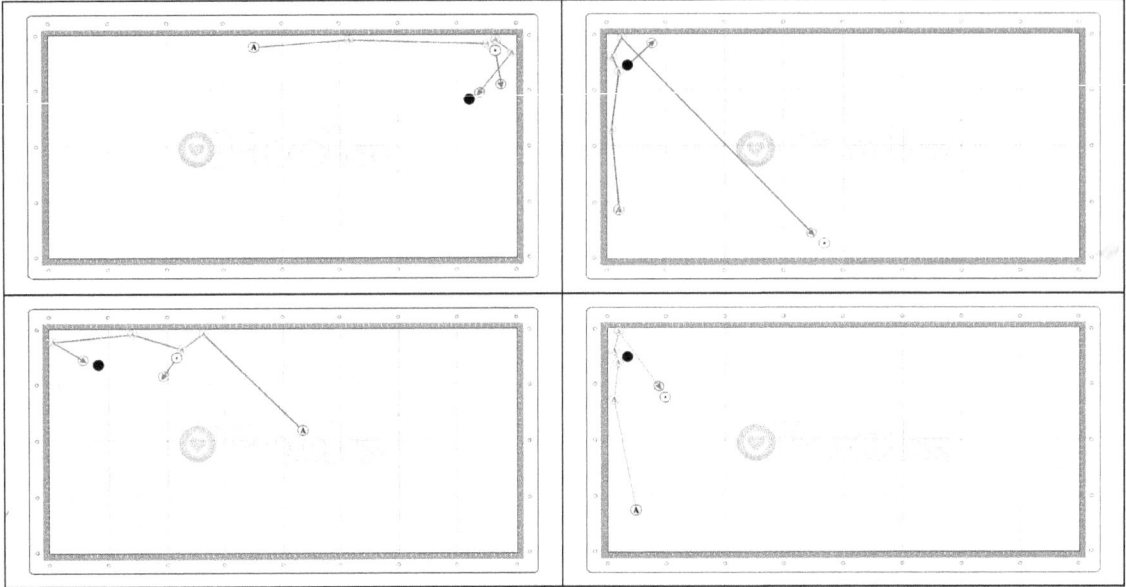

Analyse:

B:2a. _____

B:2b. _____

B:2c. _____

B:2d. _____

B:2a – Setup

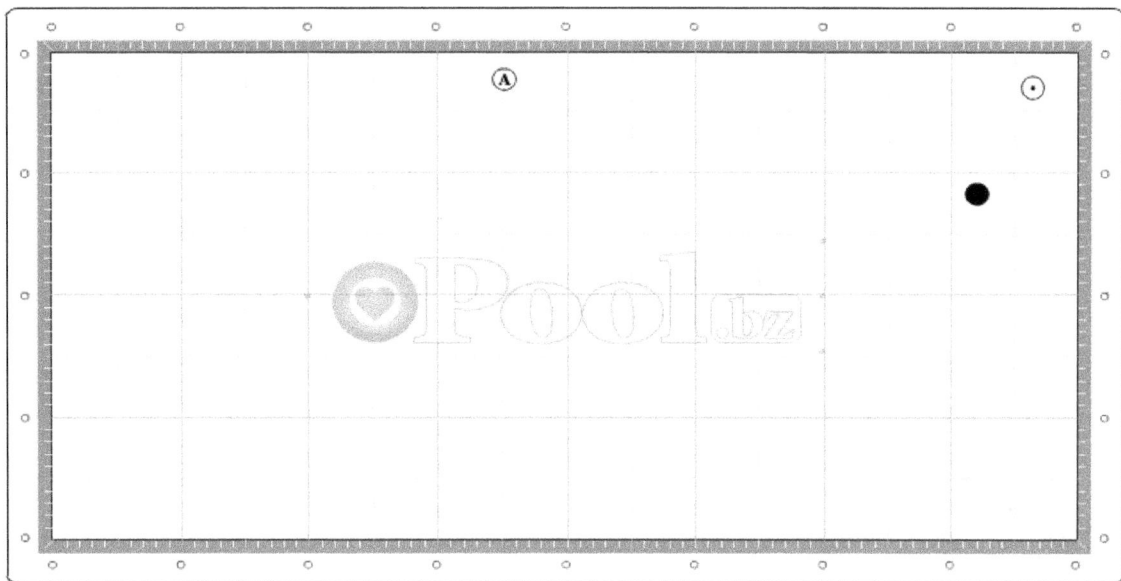

Noter og ideer:

Afspilning mønster

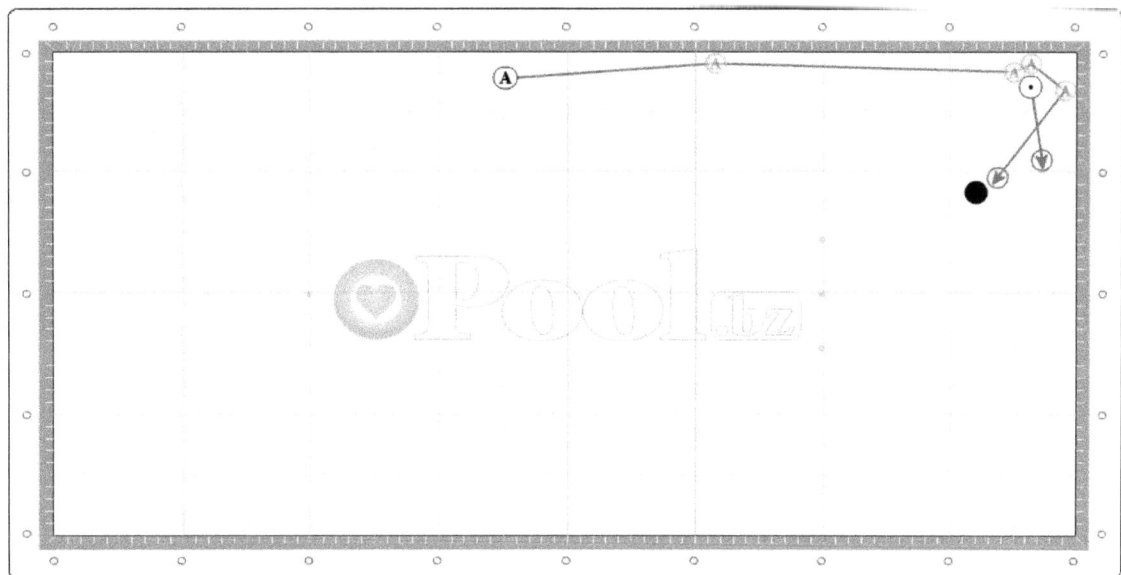

B:2b – Setup

Noter og ideer:

Afspilning mønster

B:2c – Setup

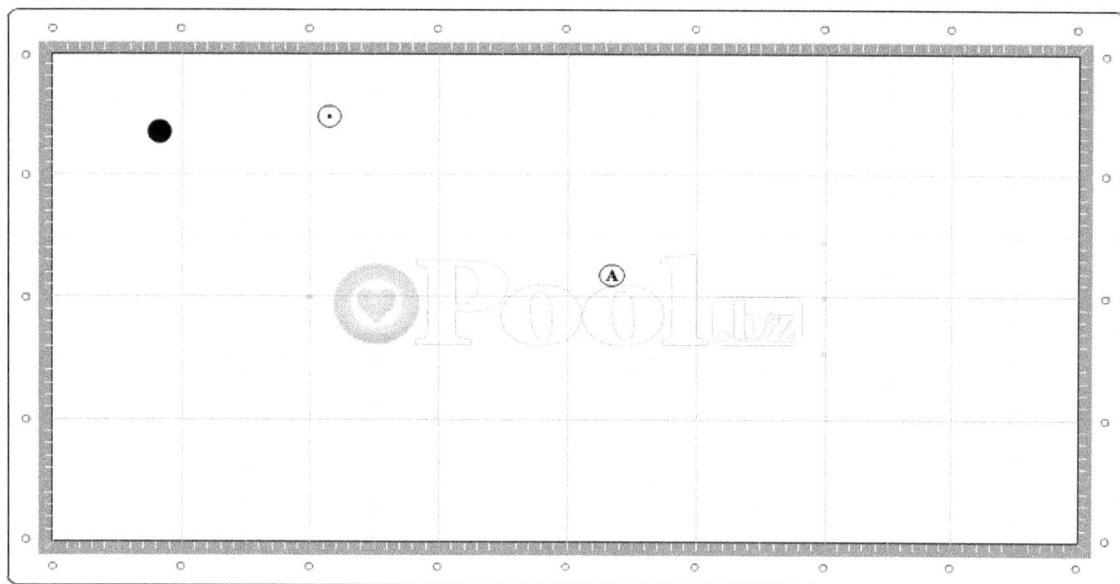

Noter og ideer:

Afspilning mønster

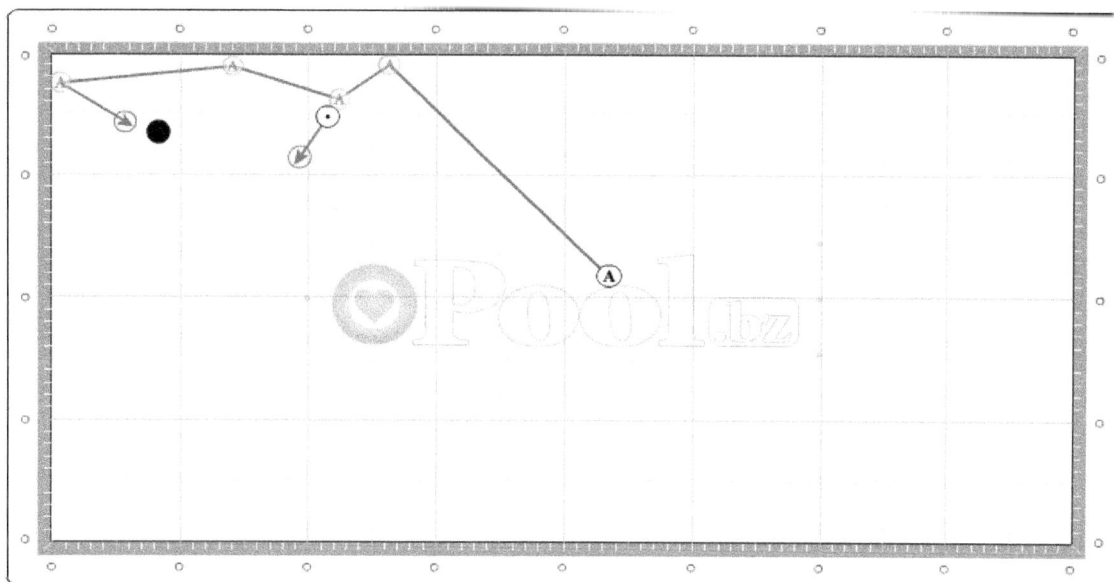

B:2d – Setup

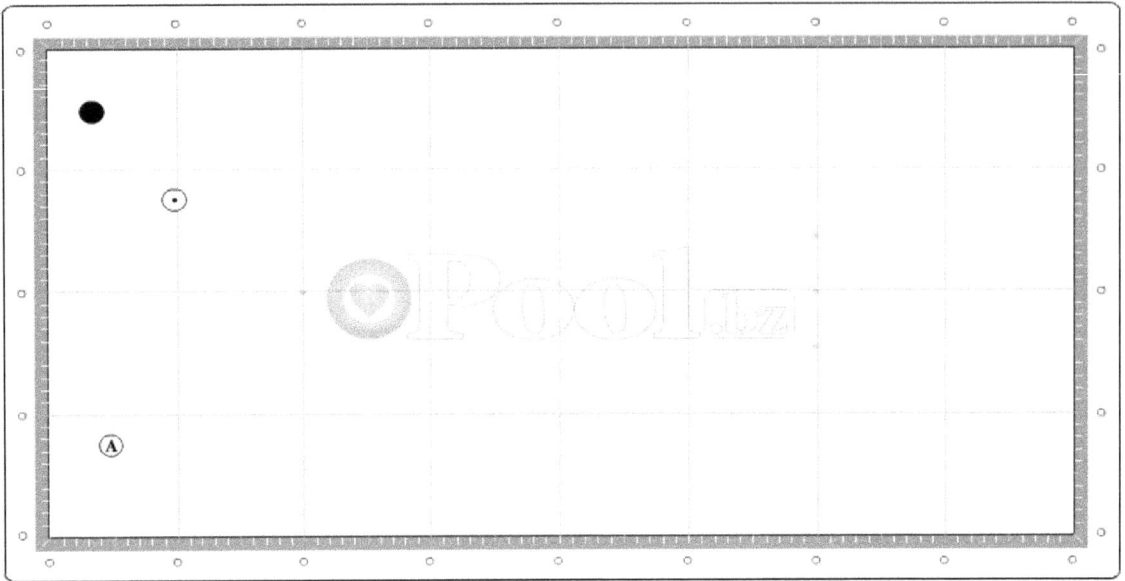

Noter og ideer:

Afspilning mønster

C: 2 bander først

Den (CB) går i to bander, før den kontakter den første (OB). Efter kontakten går (CB) så i en eller flere bander og derefter ind i den anden (OB).

(A) (CB) (din billardkugle) – (⊙) (OB) (modstander billardkugle) – ● (OB) (rød billardkugle)

C: Gruppe 1

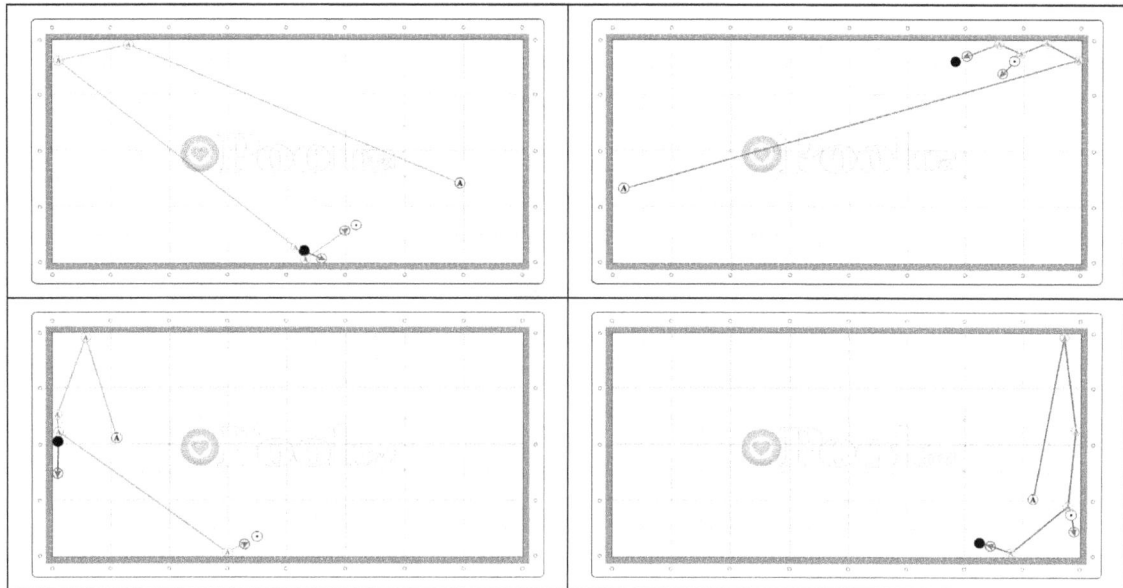

Analyse:

C:1a. _____

C:1b. _____

C:1c. _____

C:1d. _____

C:1a – Setup

Noter og ideer:

Afspilning mønster

C:1b – Setup

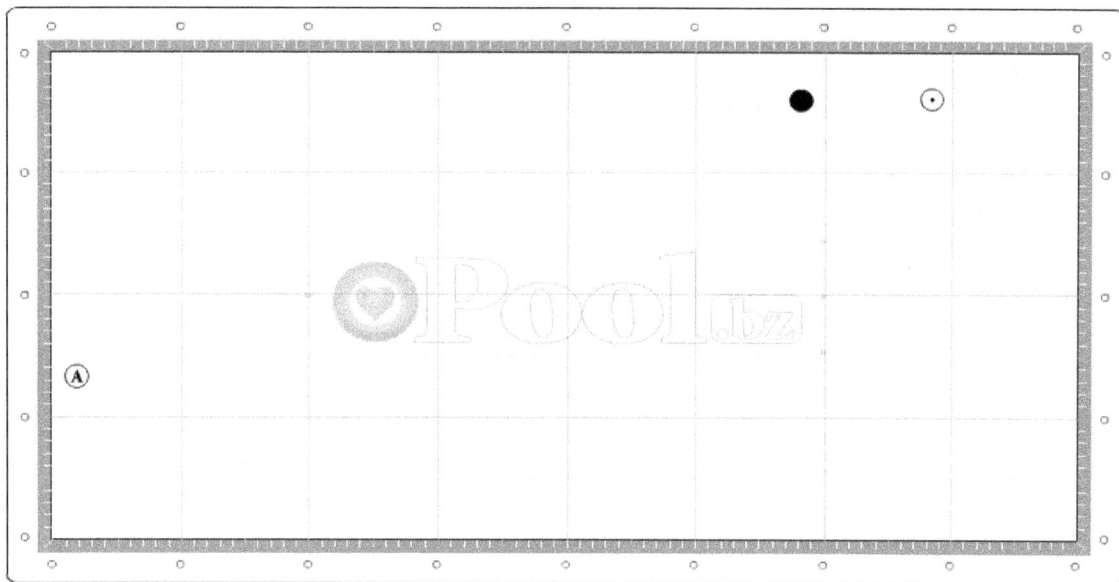

Noter og ideer:

Afspilning mønster

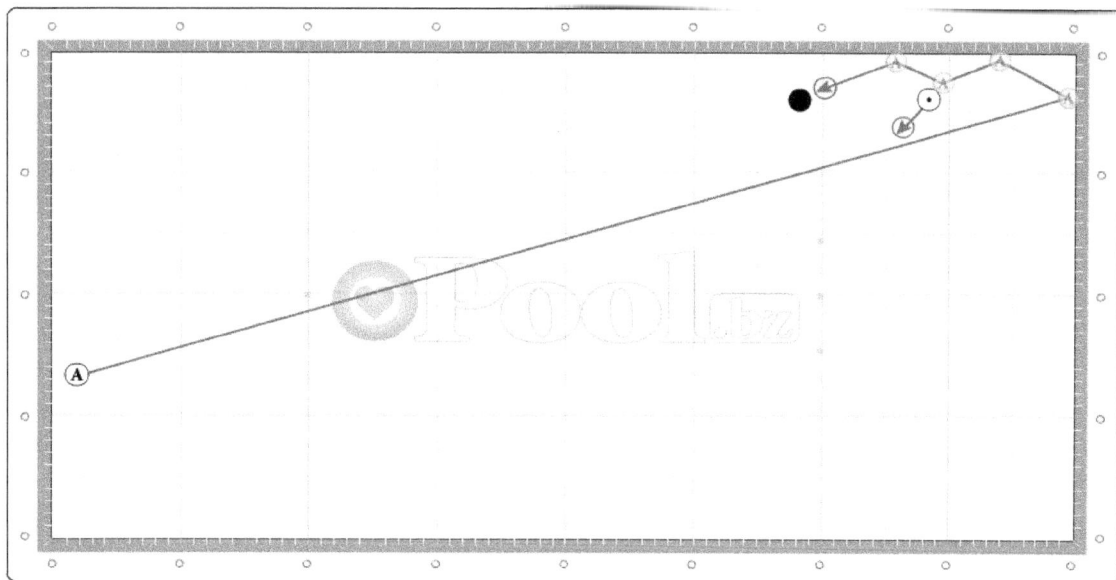

C:1c – Setup

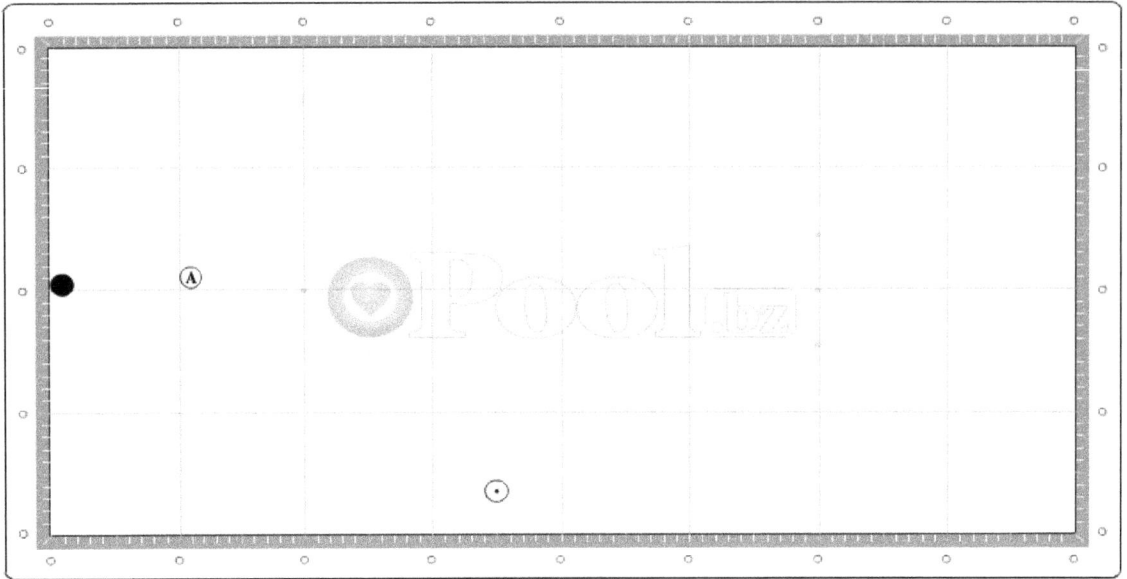

Noter og ideer:

Afspilning mønster

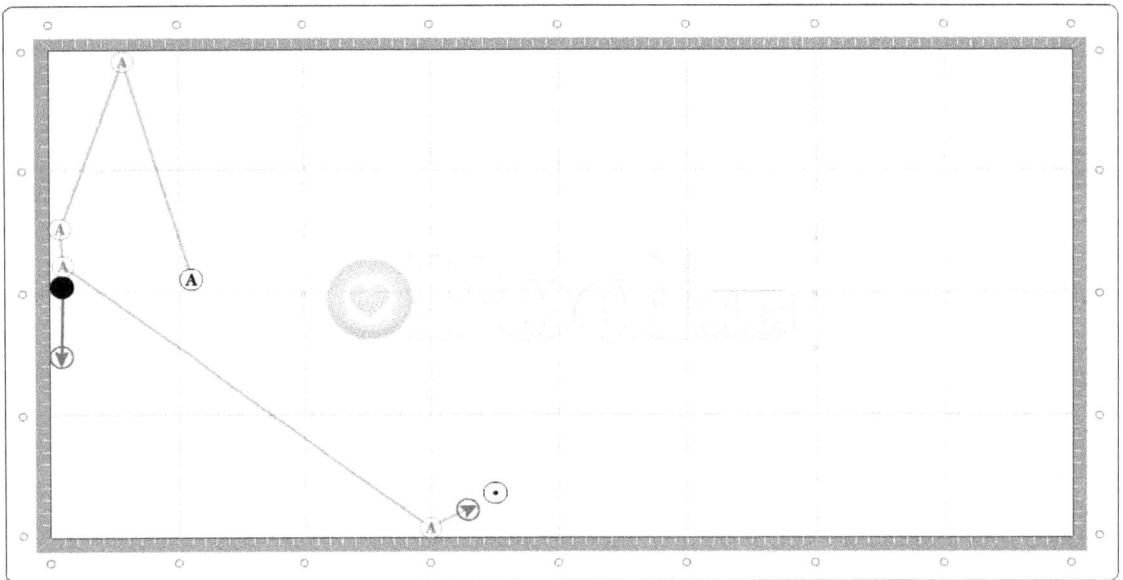

C:1d – Setup

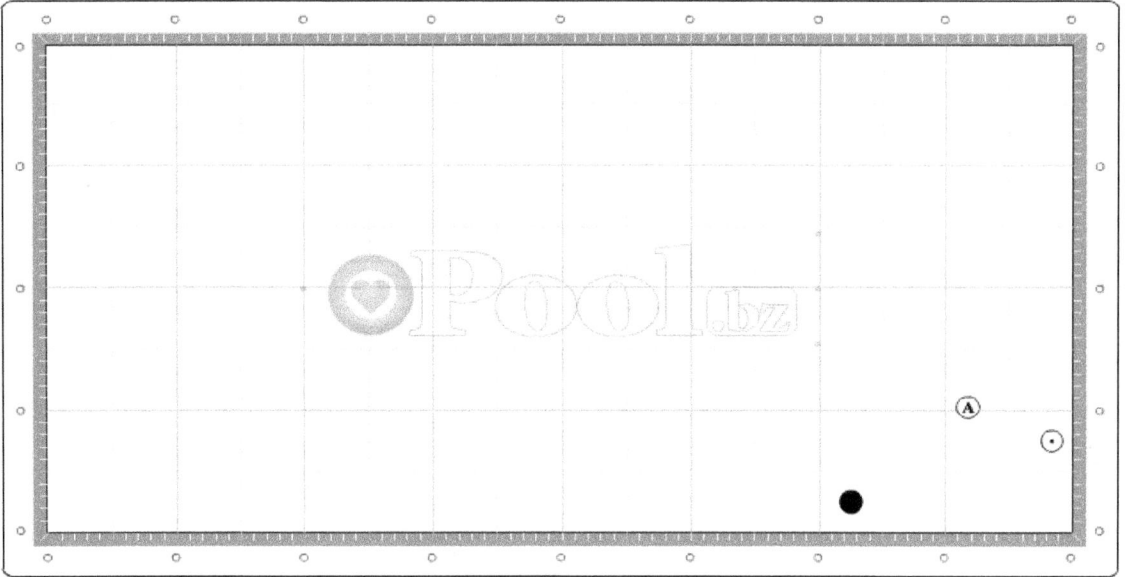

Noter og ideer:

Afspilning mønster

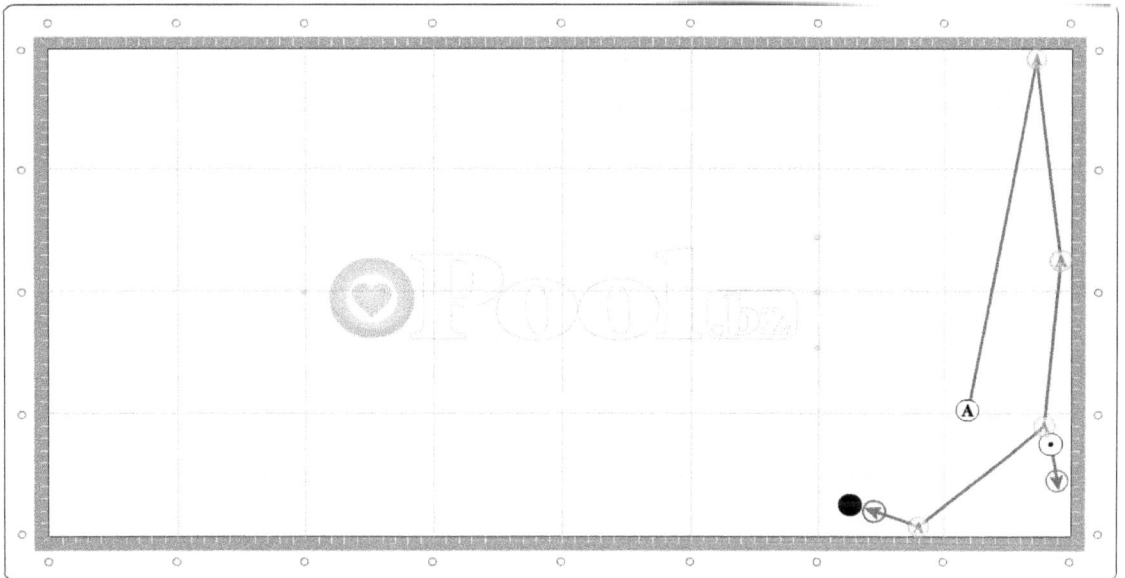

C: Gruppe 2

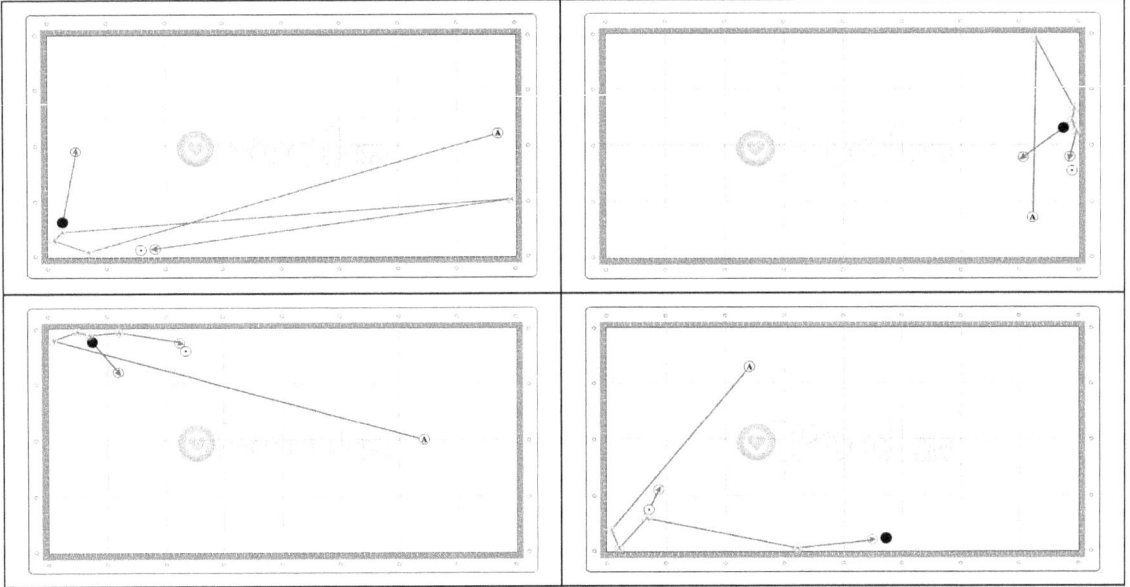

Analyse:

C:2a. _____

C:2b. _____

C:2c. _____

C:2d. _____

C:2a – Setup

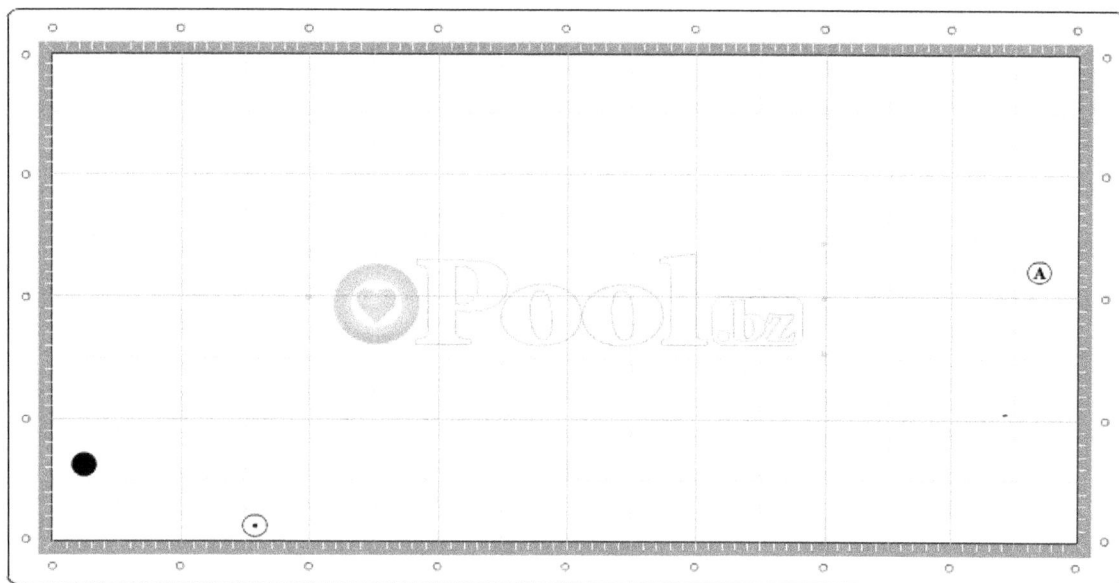

Noter og ideer:

Afspilning mønster

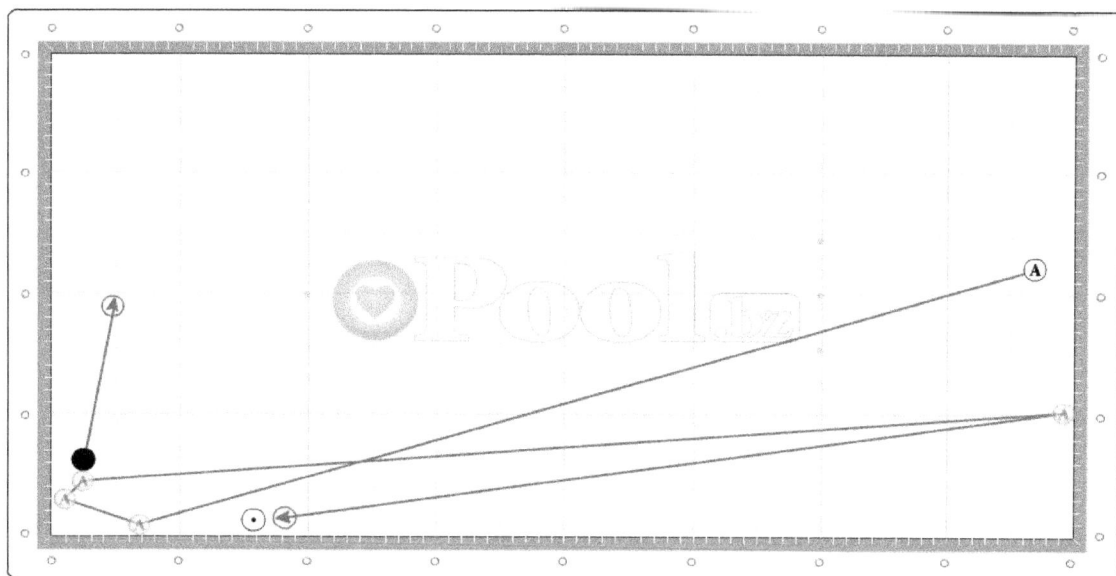

C:2b – Setup

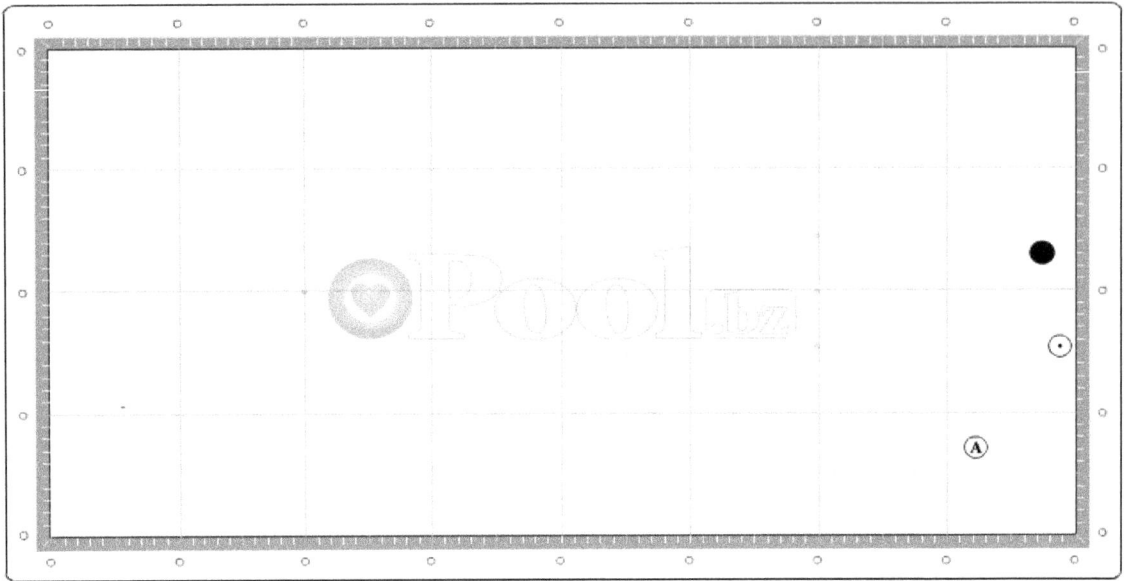

Noter og ideer:

Afspilning mønster

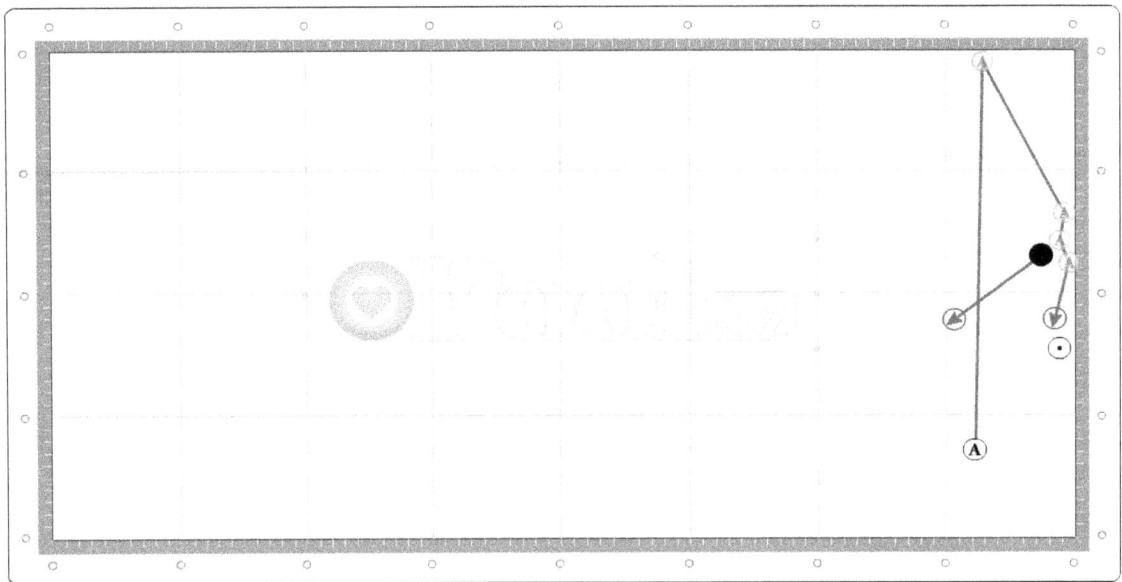

C:2c – Setup

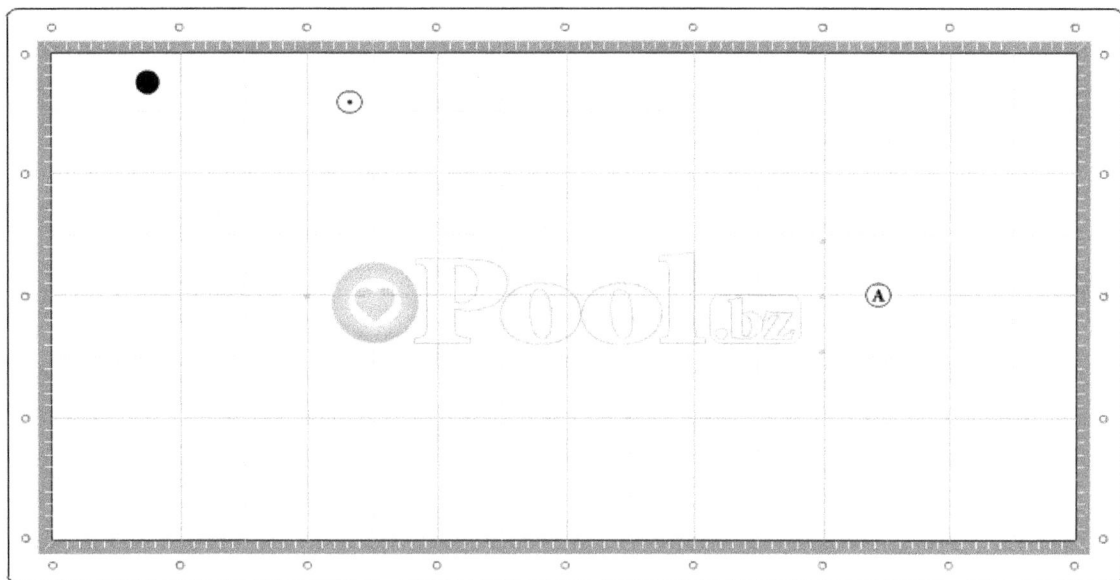

Noter og ideer:

Afspilning mønster

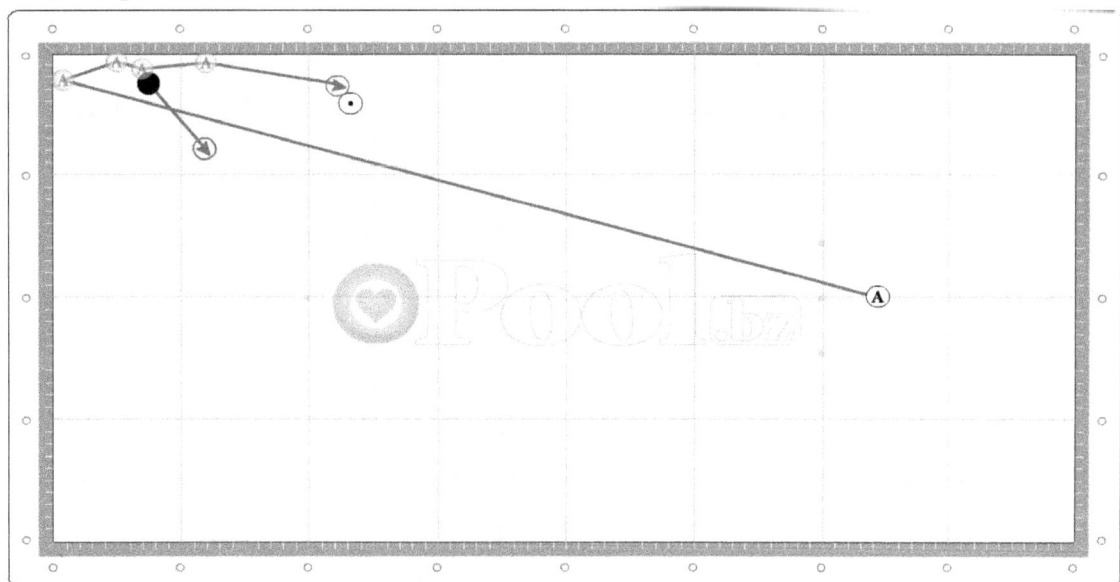

C:2d – Setup

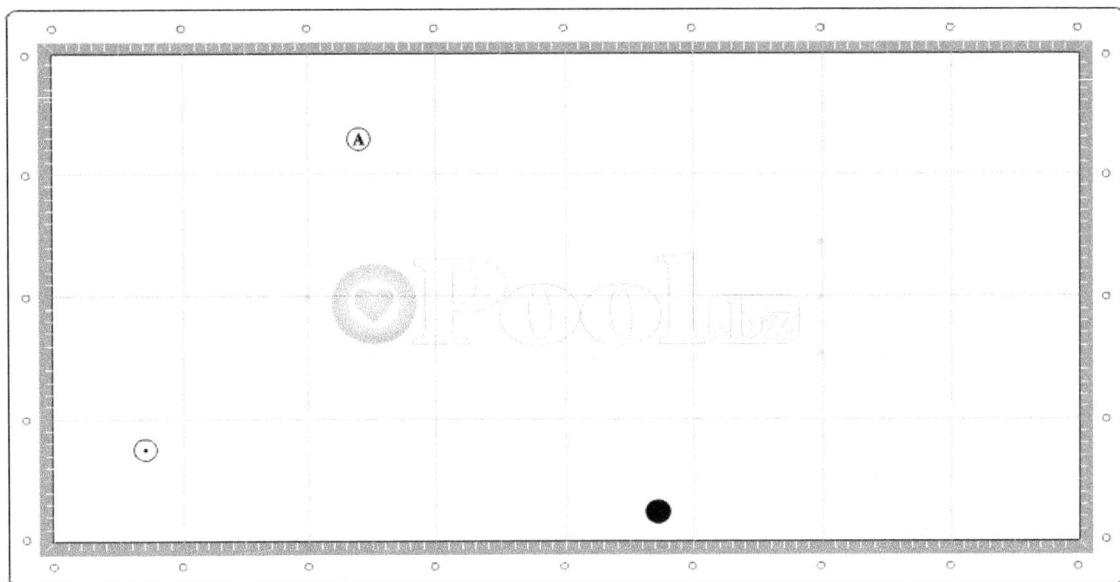

Noter og ideer:

Afspilning mønster

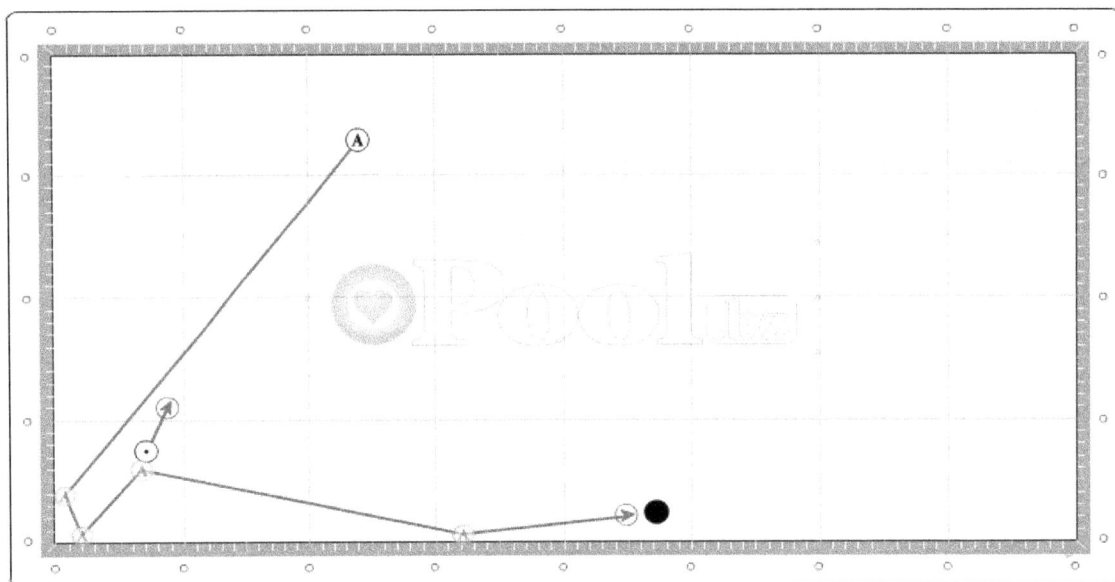

D: 3 bander først, serie 1

Disse eksempler er opdelt i to afsnit. Den (CB) går ind i tre bander, og derefter ind i begge (OB).

(A) (CB) (din billardkugle) – ⊙ (OB) (modstander billardkugle) – ⬤ (OB) (rød billardkugle)

D: Gruppe 1

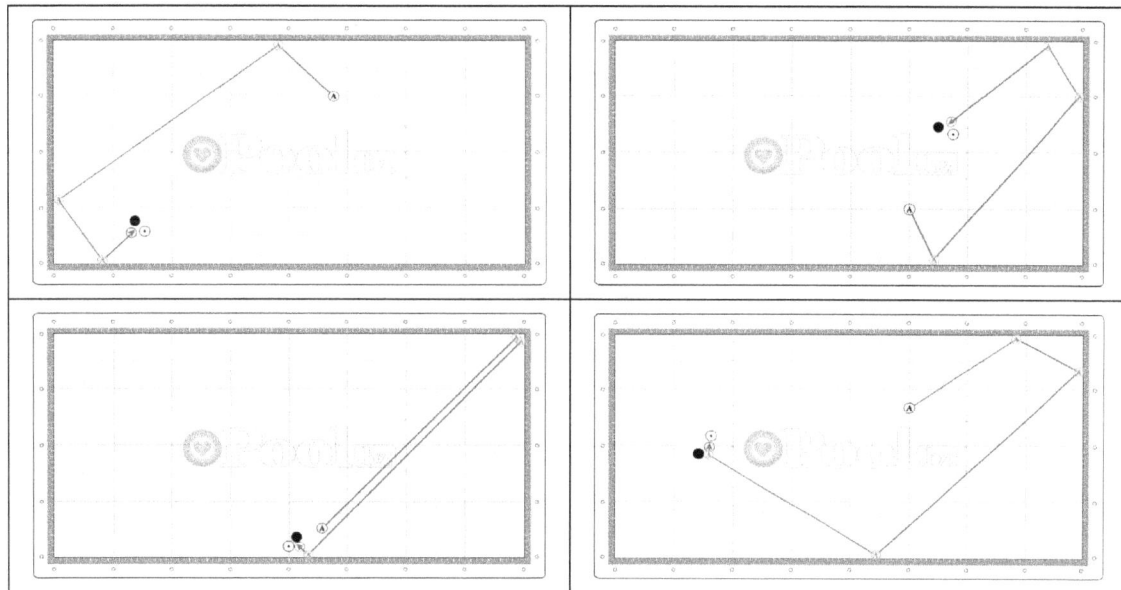

Analyse:

D:1a. _____

D:1b. _____

D:1c. _____

D:1d. _____

D:1a – Setup

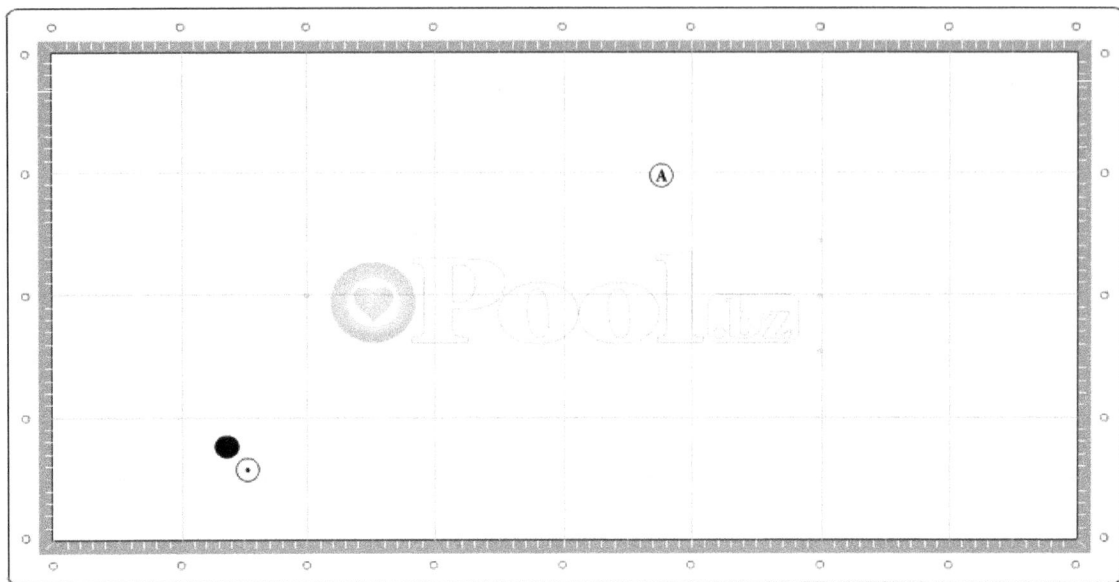

Noter og ideer:

Afspilning mønster

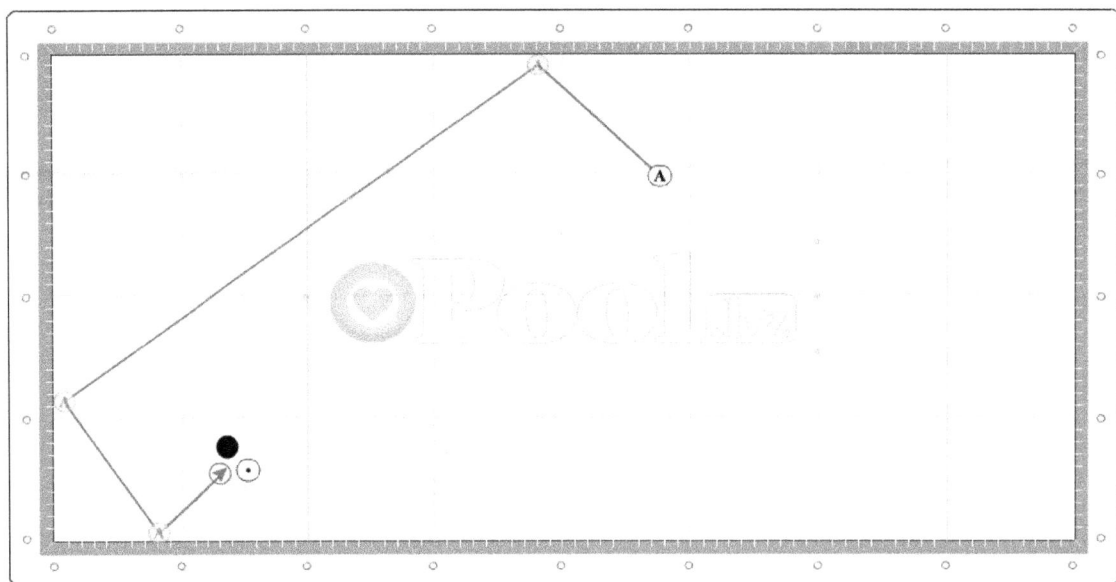

D:1b – Setup

Noter og ideer:

Afspilning mønster

D:1c – Setup

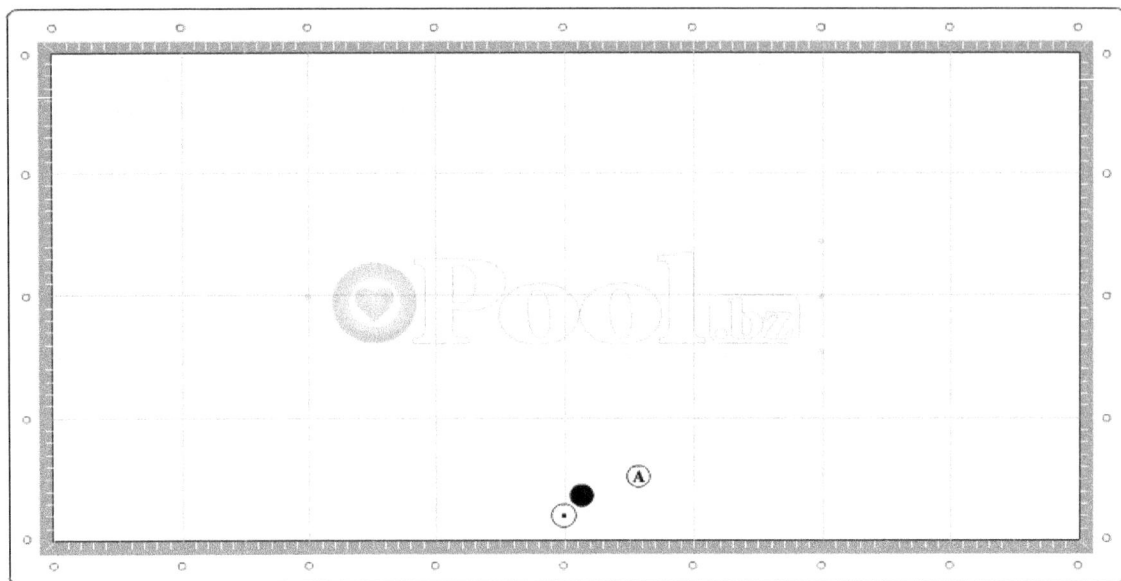

Noter og ideer:

Afspilning mønster

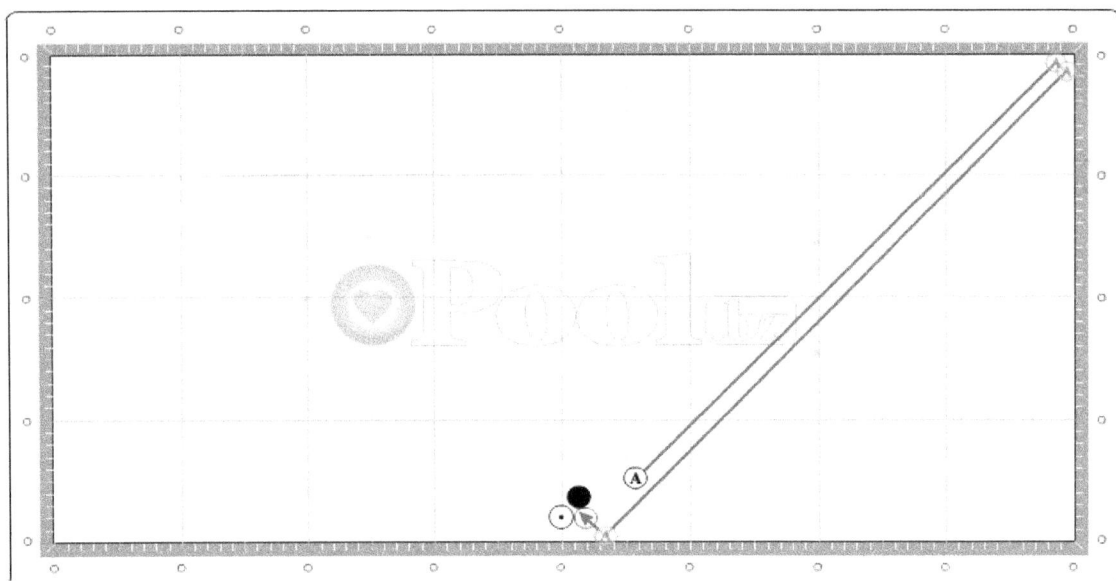

D:1d – Setup

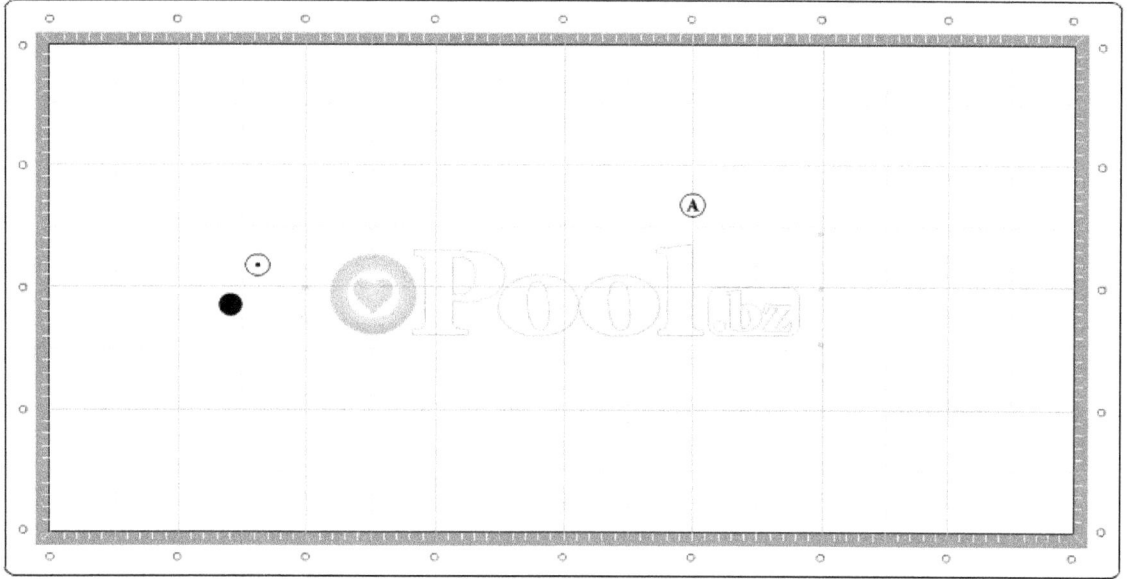

Noter og ideer:

Afspilning mønster

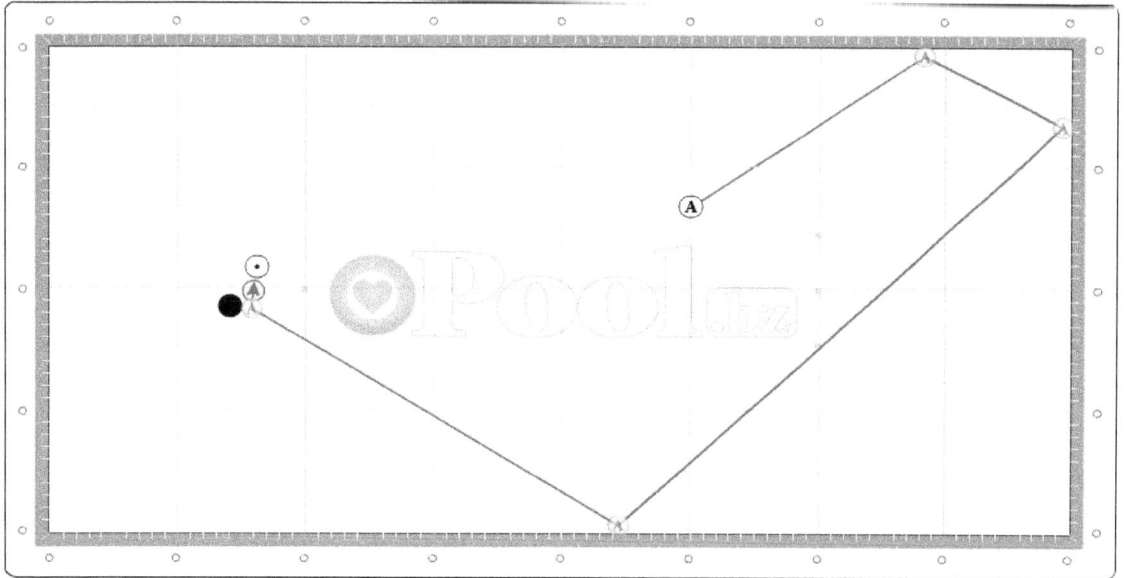

D: Gruppe 2

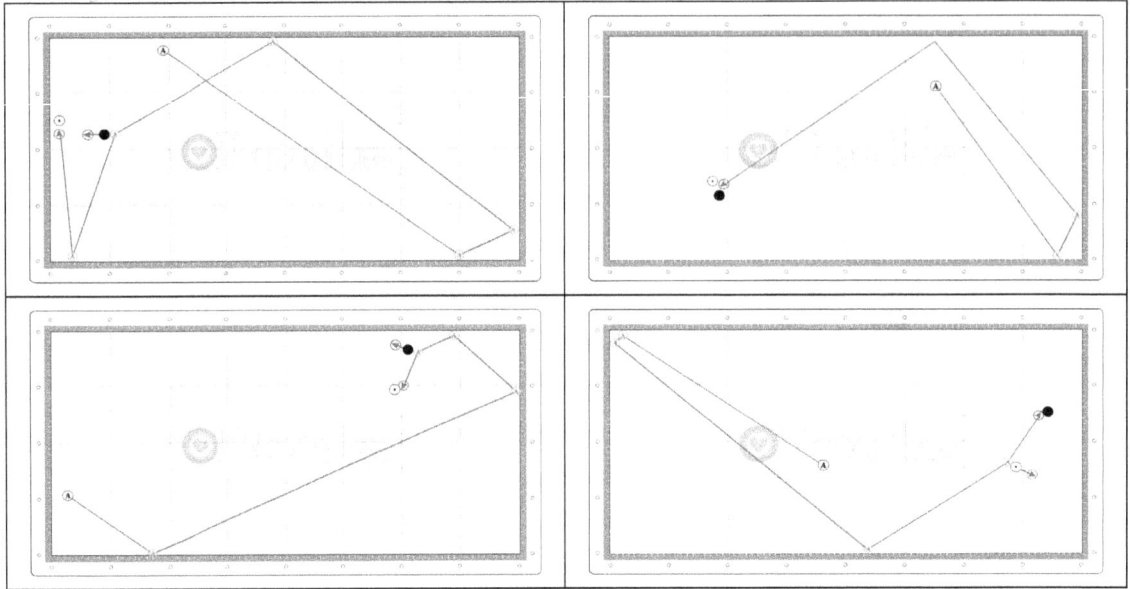

Analyse:

D:2a. _____

D:2b. _____

D:2c. _____

D:2d. _____

D:2a – Setup

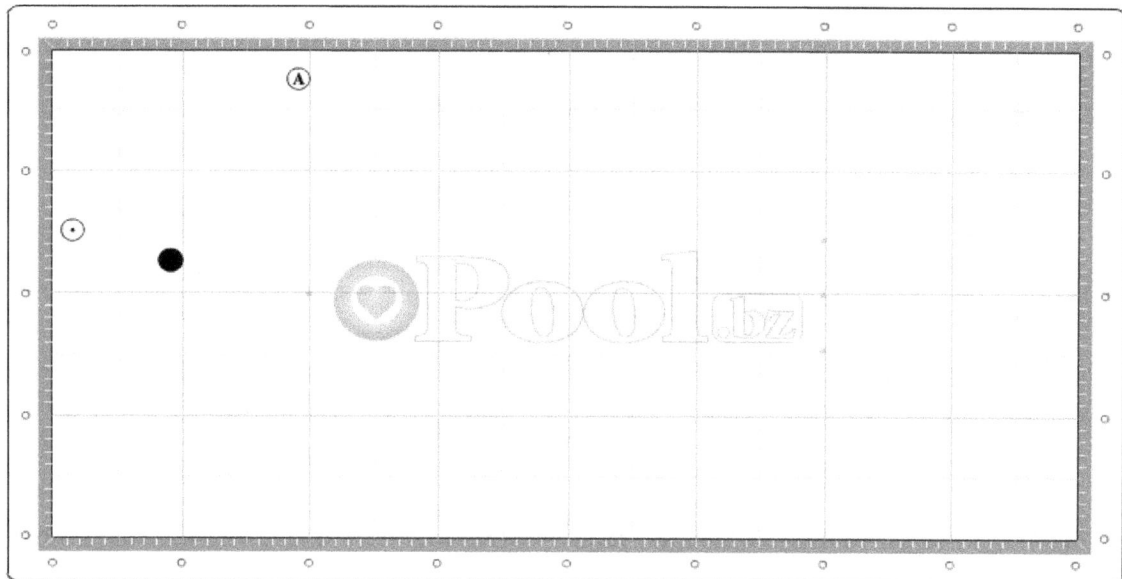

Noter og ideer:

Afspilning mønster

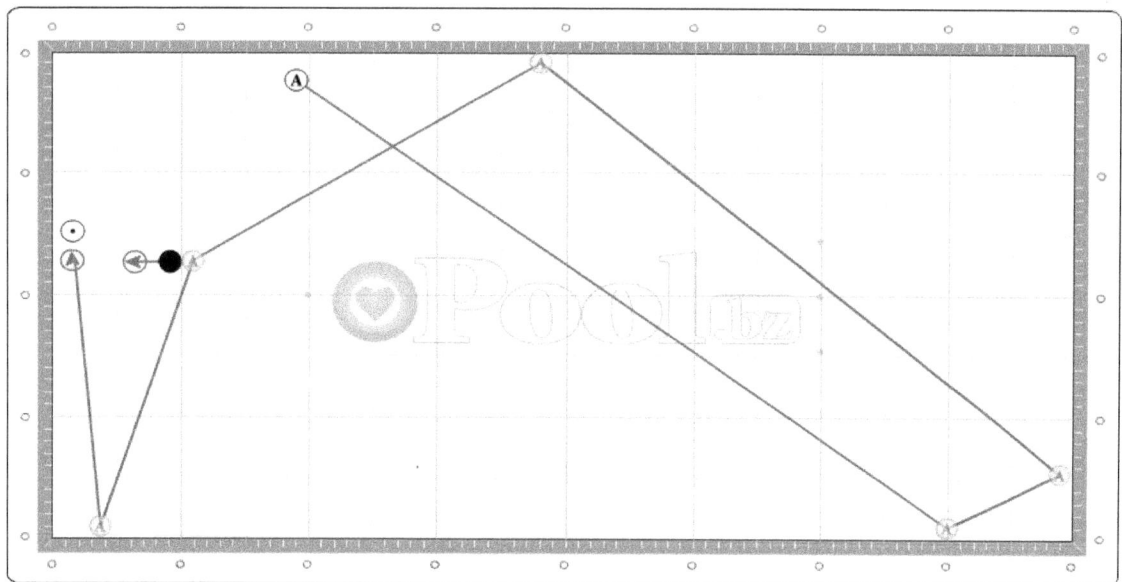

D:2b – Setup

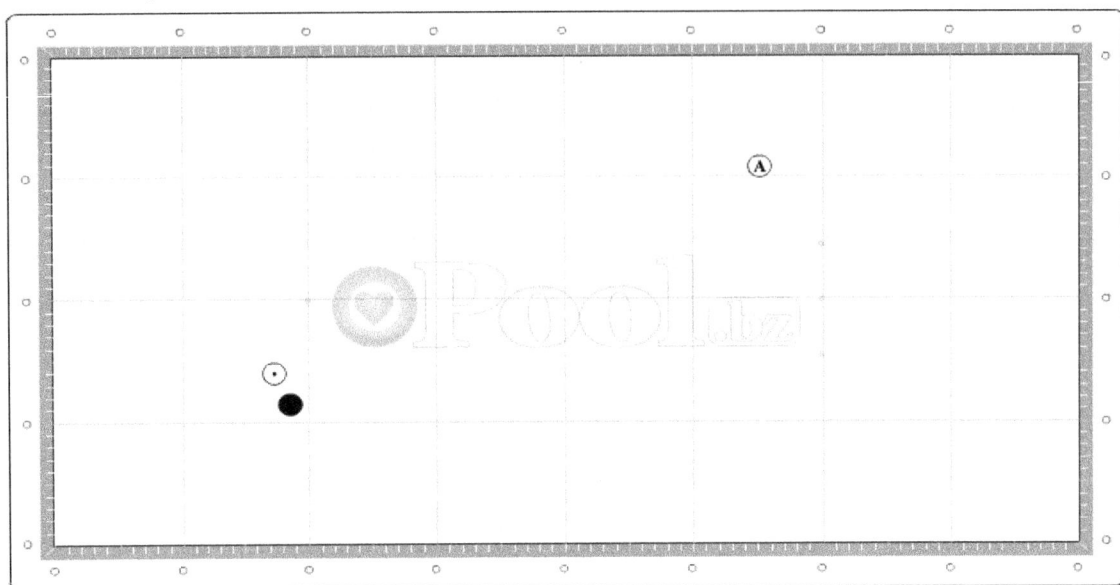

Noter og ideer:

Afspilning mønster

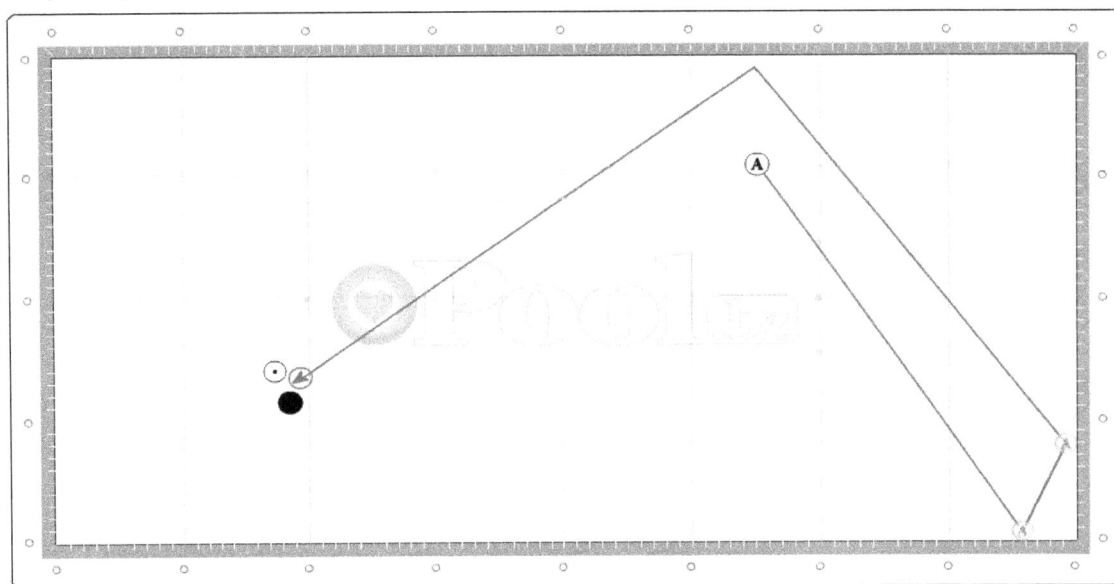

D:2c – Setup

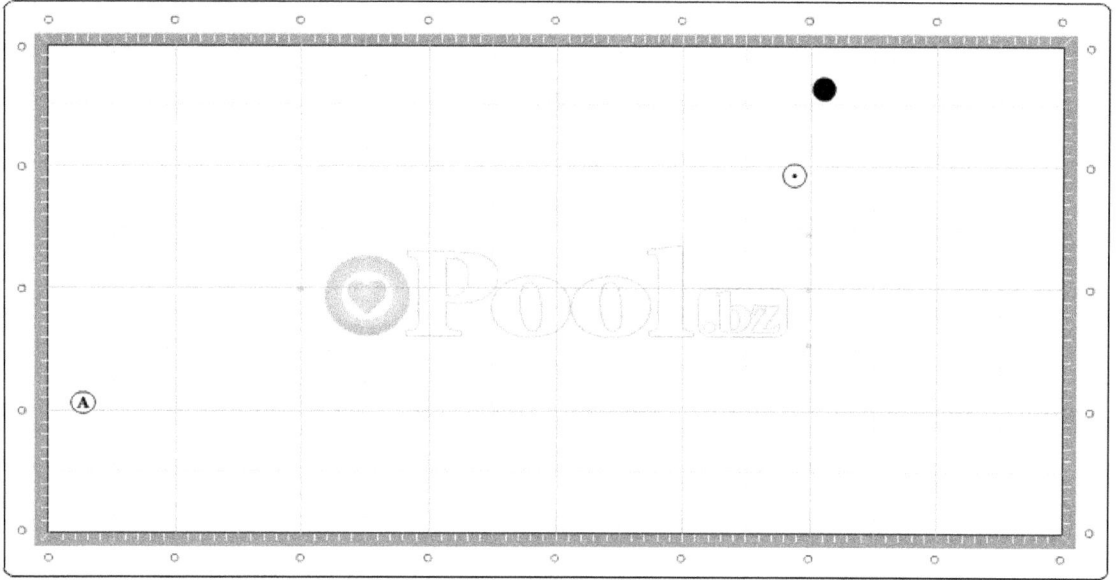

Noter og ideer:

Afspilning mønster

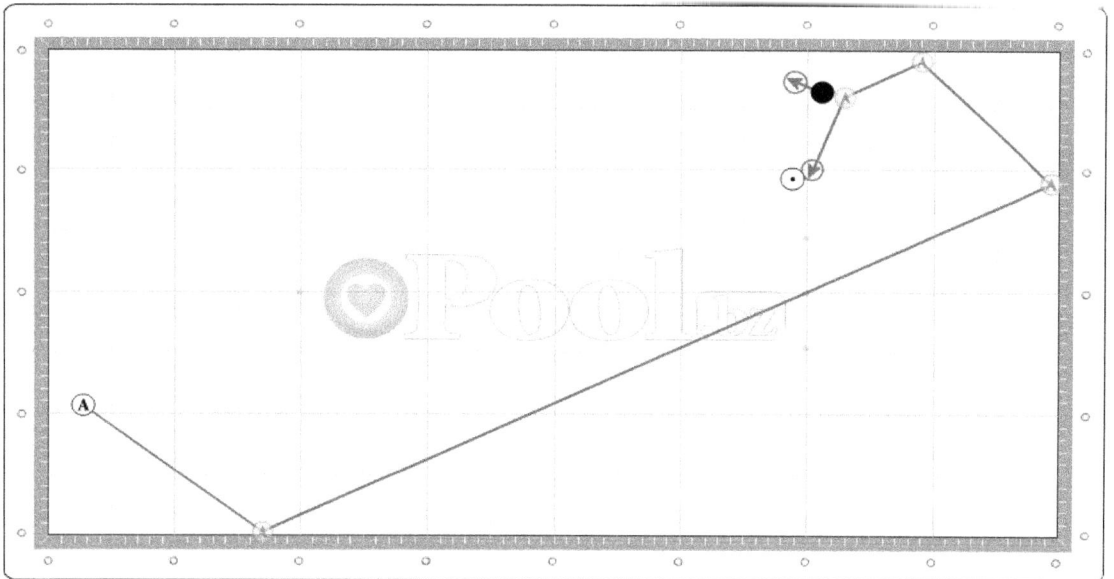

D:2d – Setup

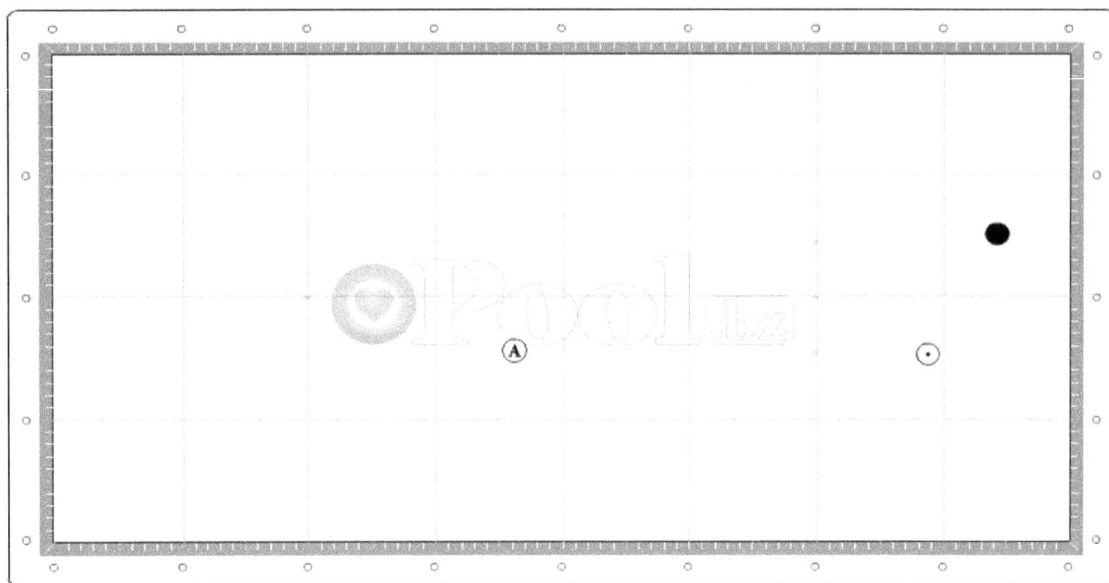

Noter og ideer:

Afspilning mønster

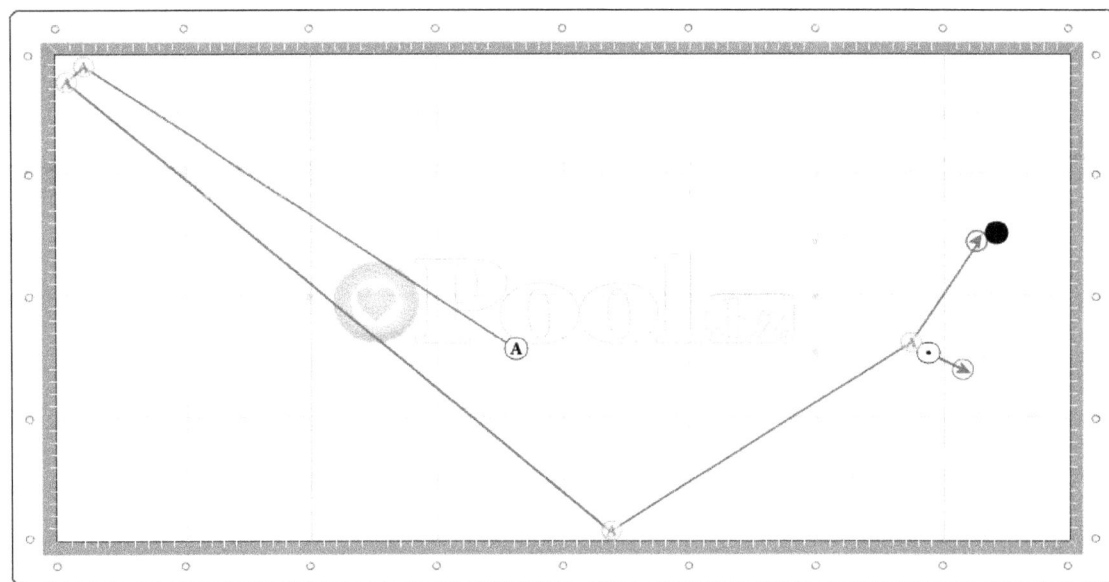

D: Gruppe 3

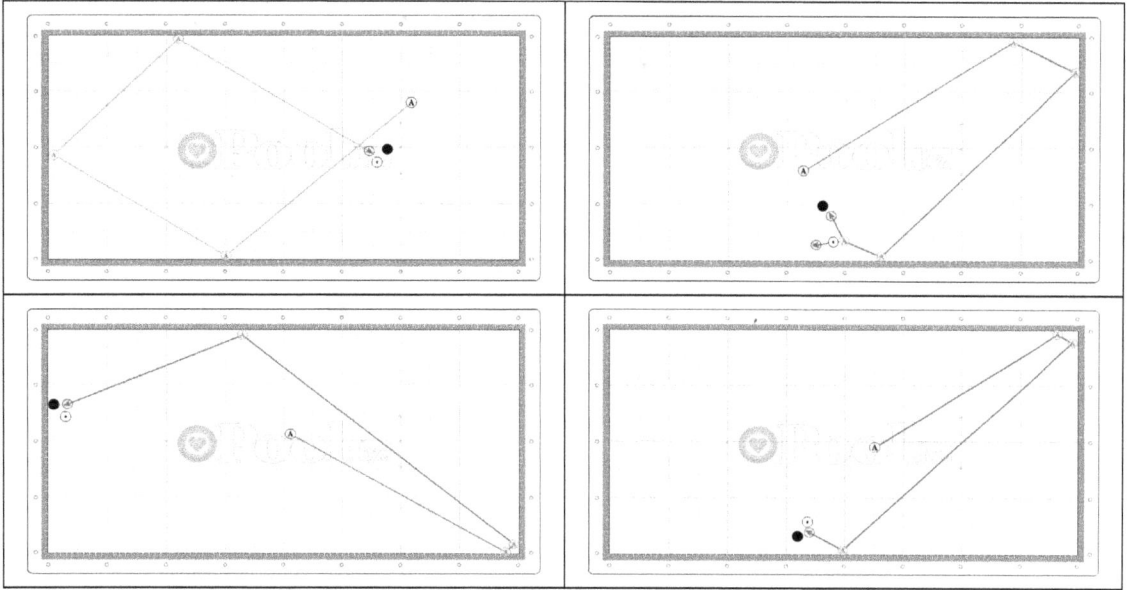

Analyse:

D:3a. _____

D:3b. _____

D:3c. _____

D:3d. _____

D:3a – Setup

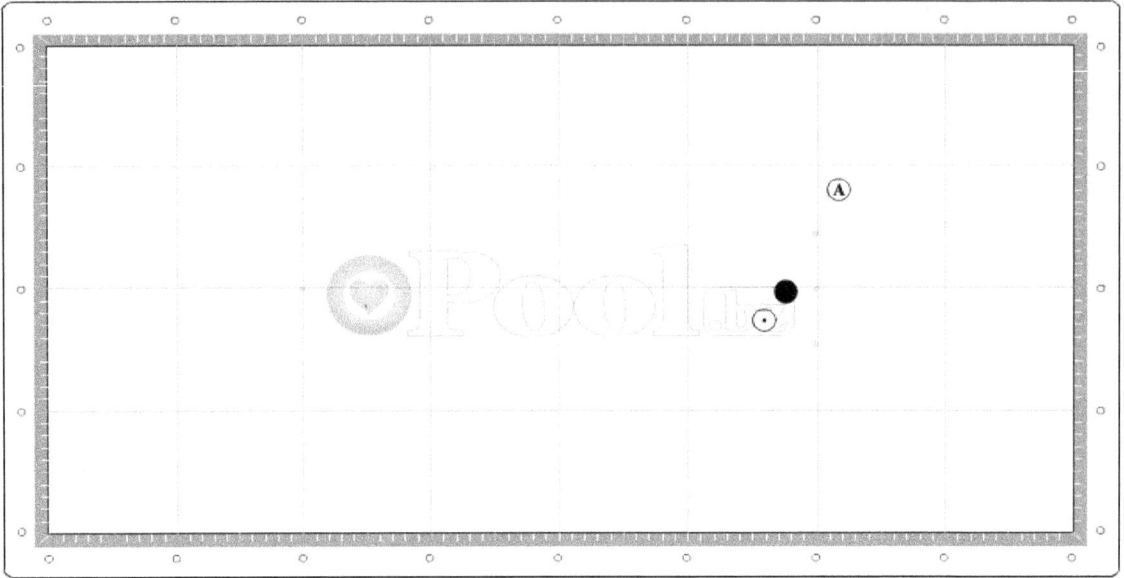

Noter og ideer:

Afspilning mønster

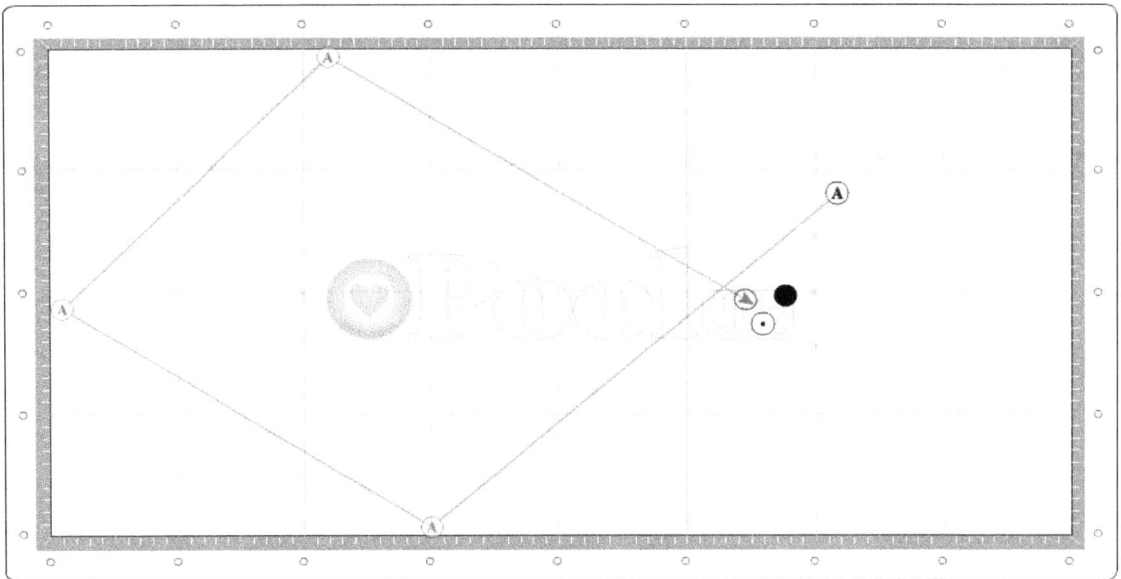

D:3b – Setup

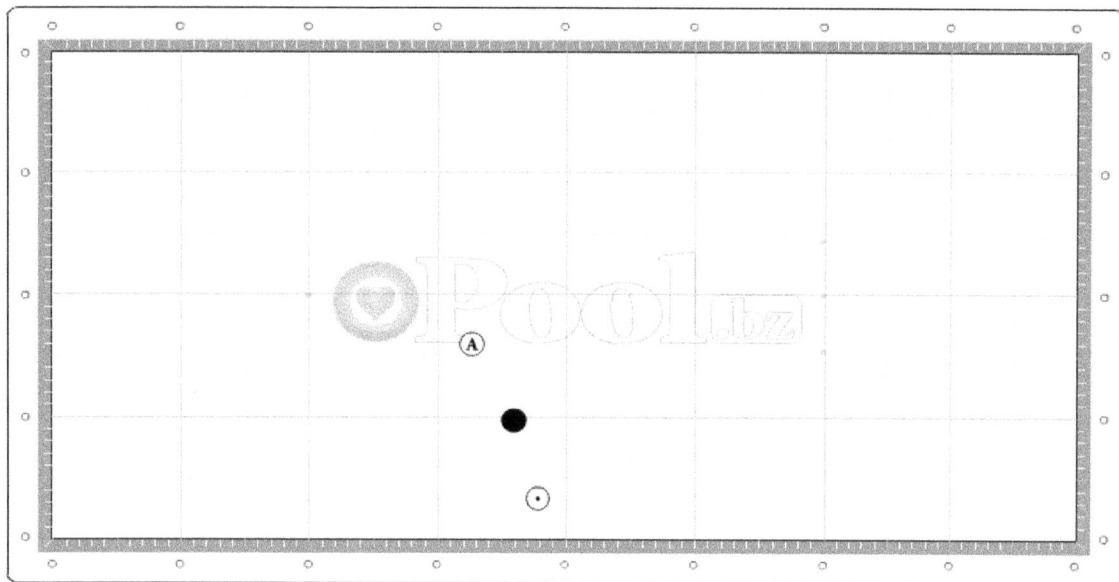

Noter og ideer:

Afspilning mønster

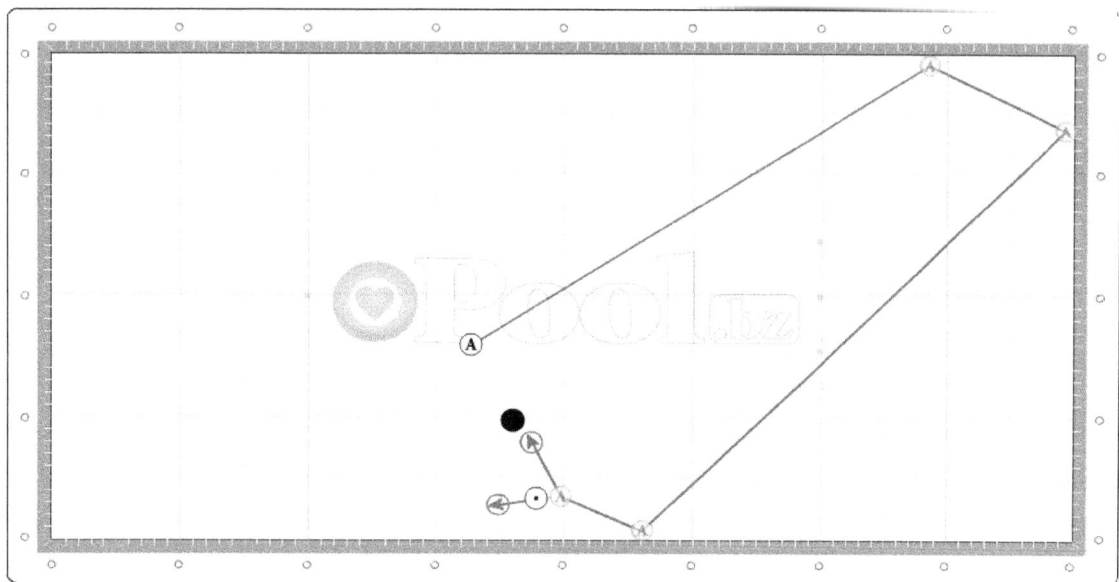

D:3c – Setup

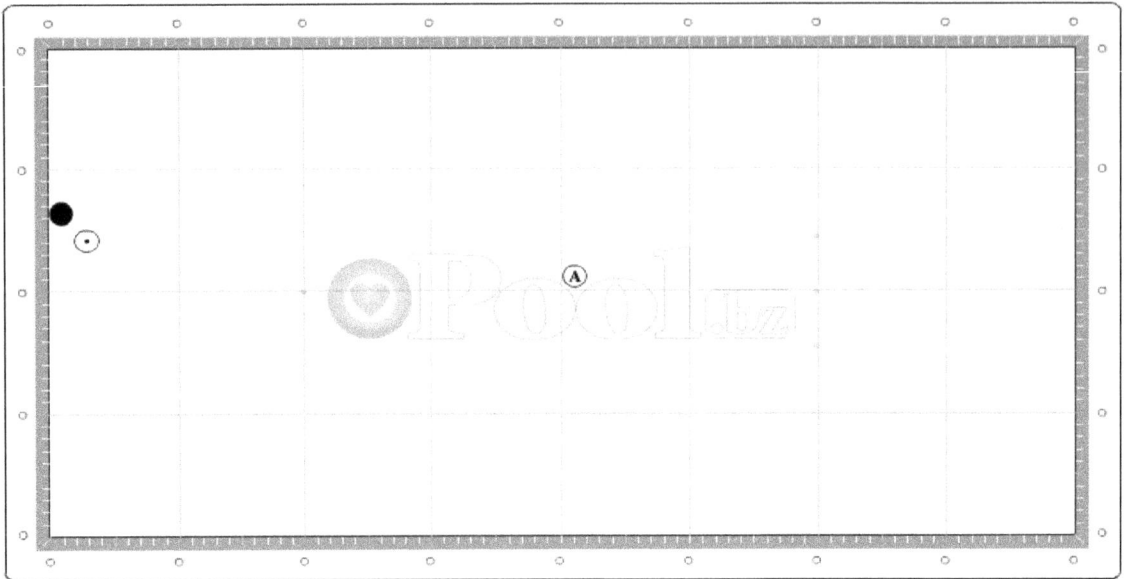

Noter og ideer:

Afspilning mønster

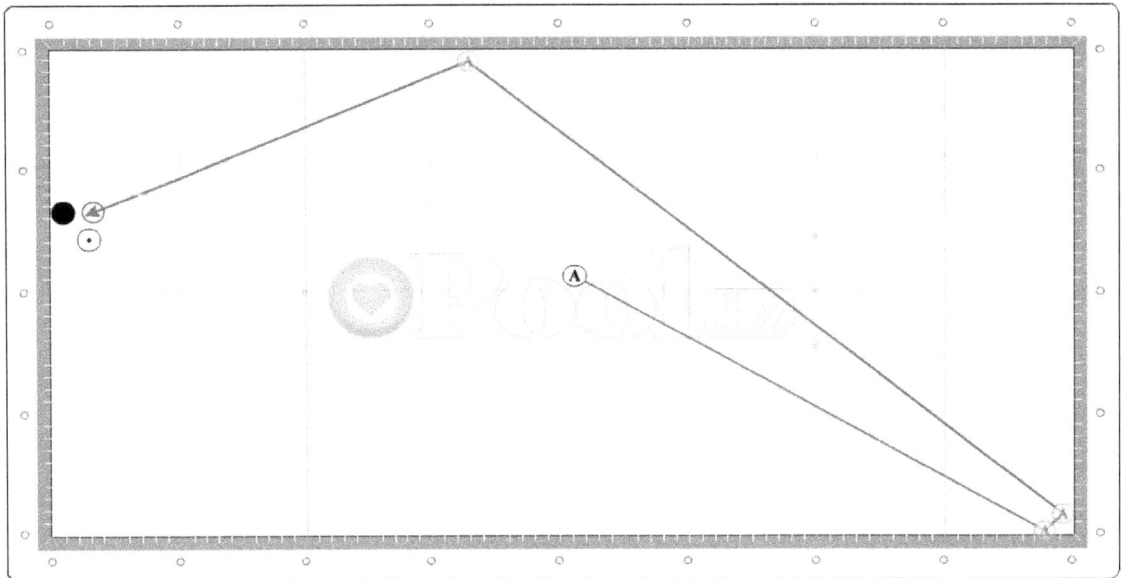

D:3d – Setup

Noter og ideer:

Afspilning mønster

D: Gruppe 4

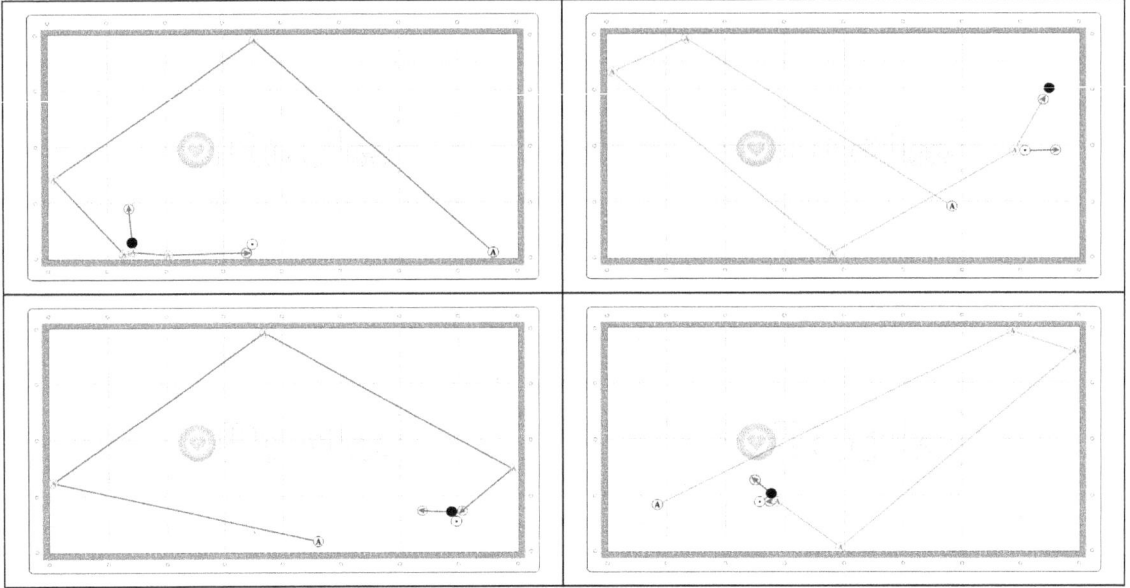

Analyse:

D:4a. _____

D:4b. _____

D:4c. _____

D:4d. _____

D:4a – Setup

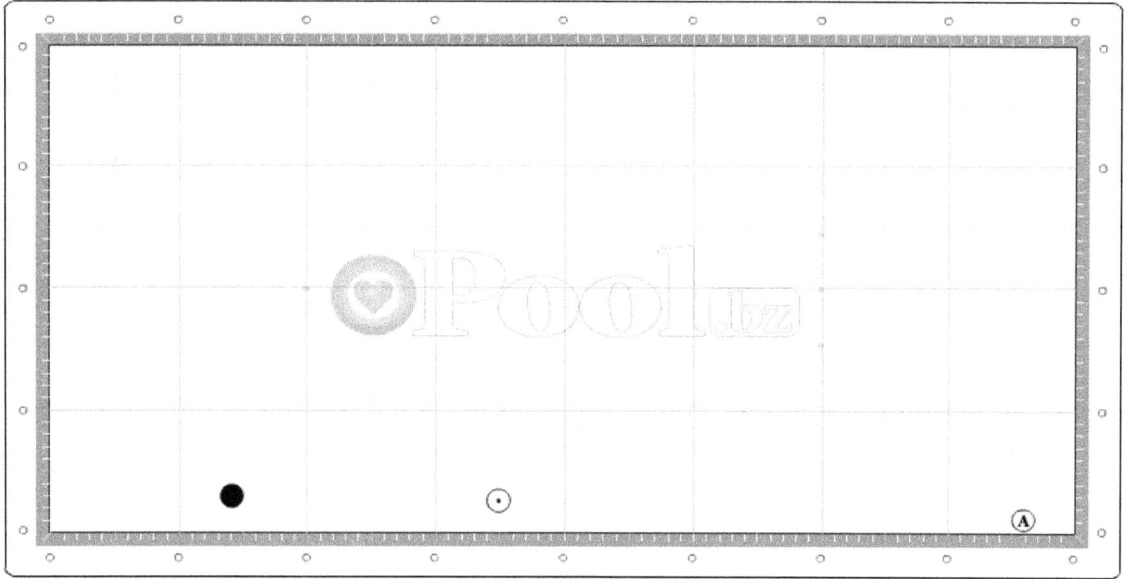

Noter og ideer:

Afspilning mønster

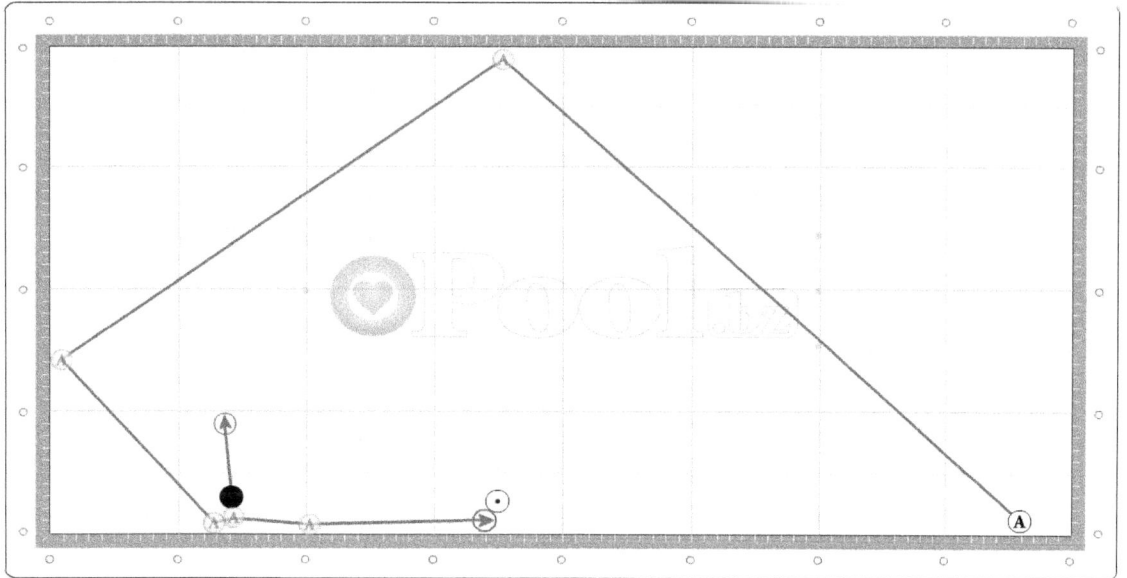

D:4b – Setup

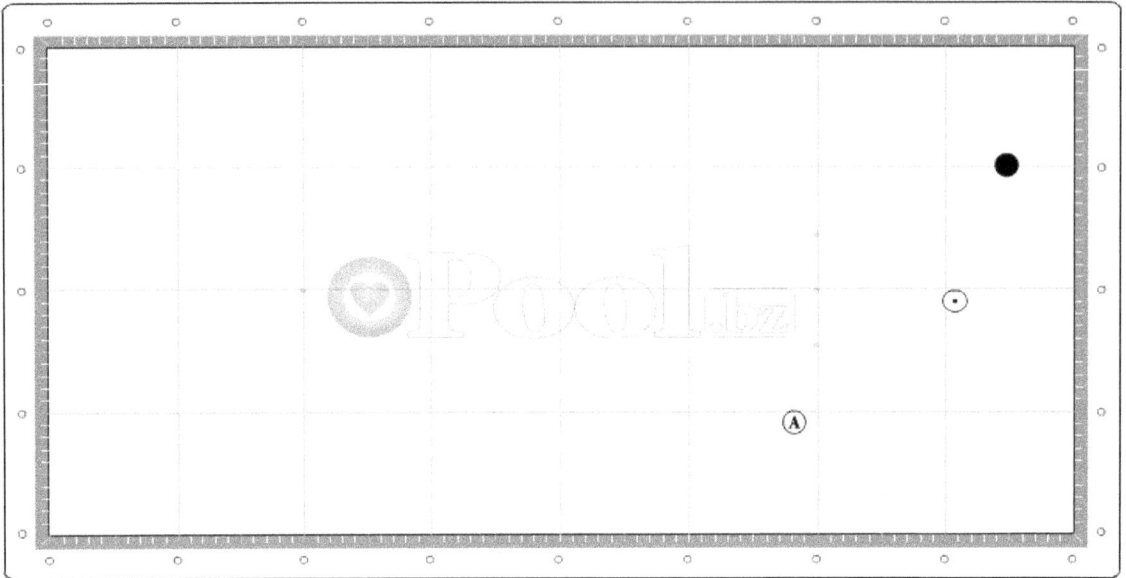

Noter og ideer:

Afspilning mønster

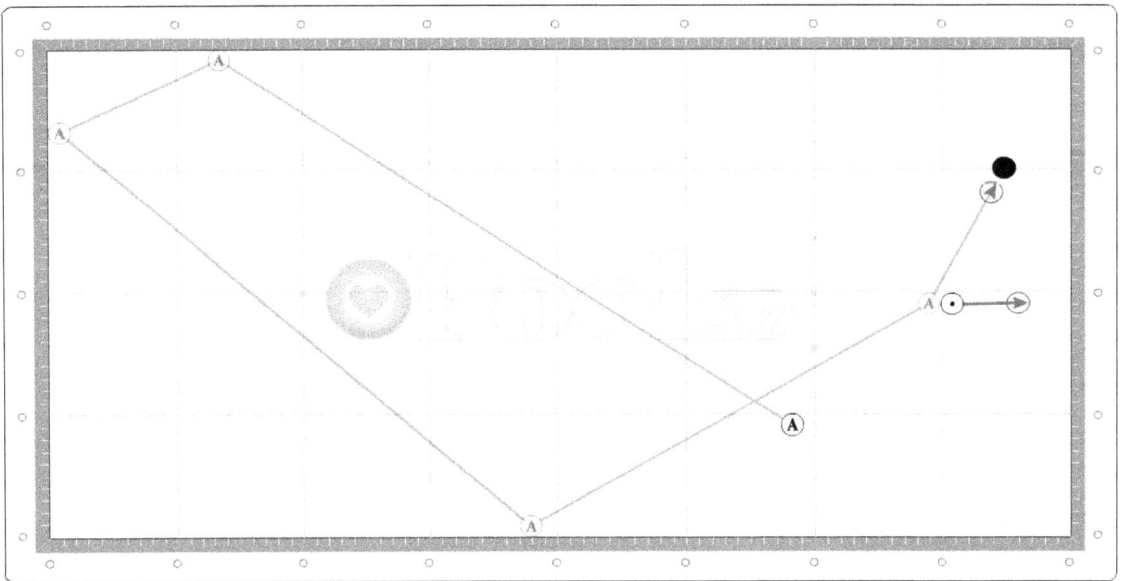

D:4c – Setup

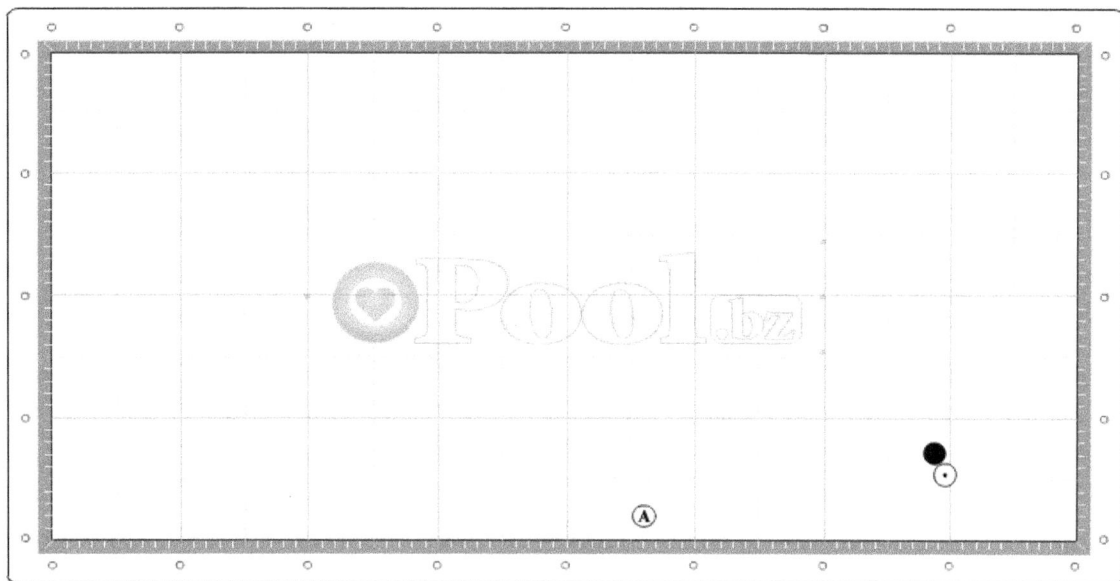

Noter og ideer:

Afspilning mønster

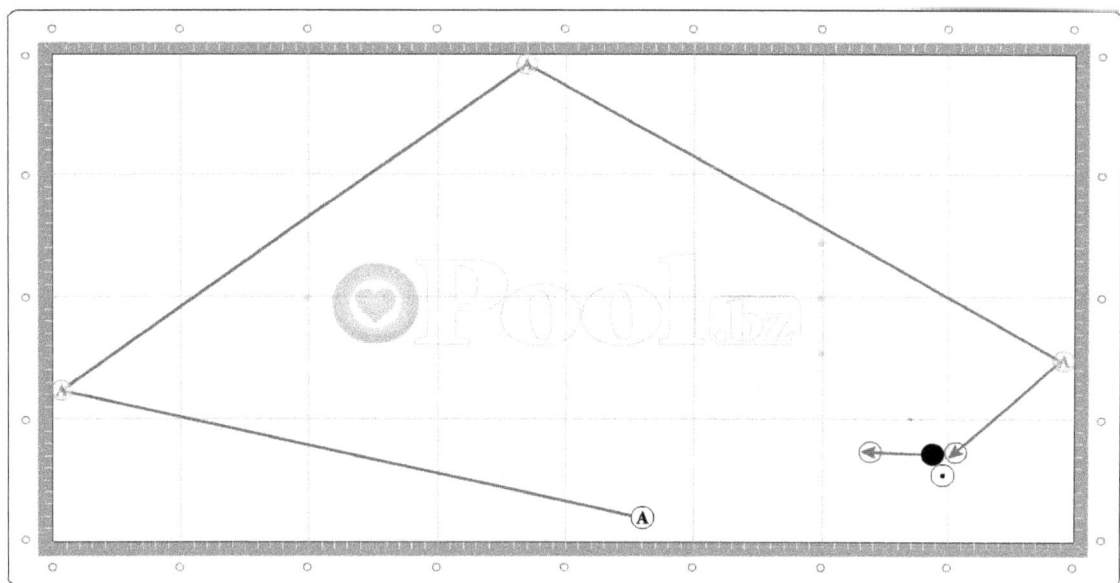

D:4d – Setup

Noter og ideer:

Afspilning mønster

D: Gruppe 5

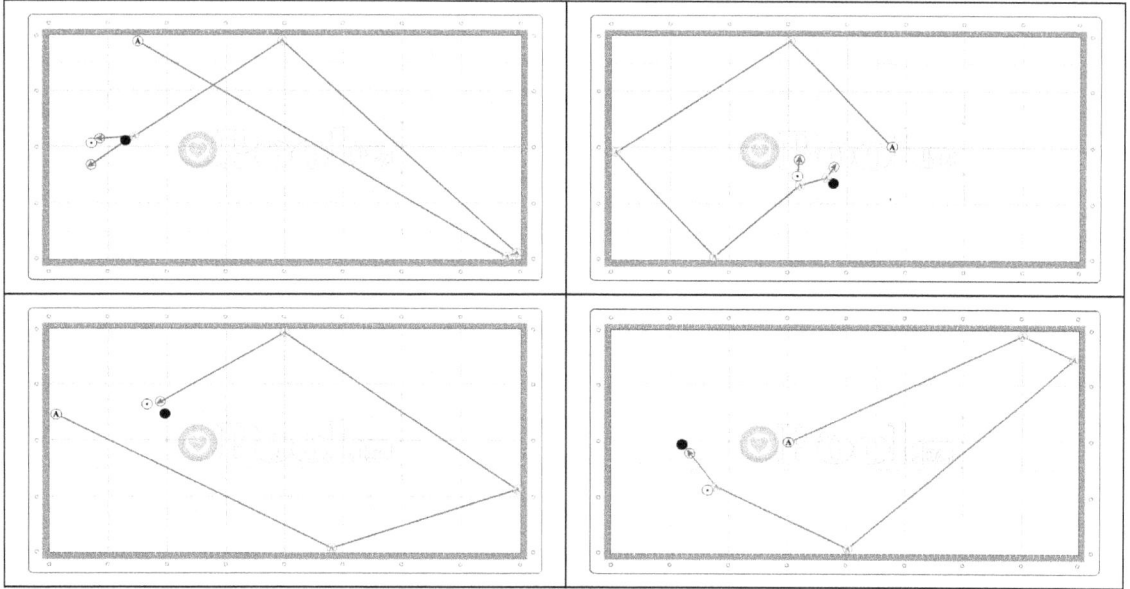

Analyse:

D:5a. _____

D:5b. _____

D:5c. _____

D:5d. _____

D:5a – Setup

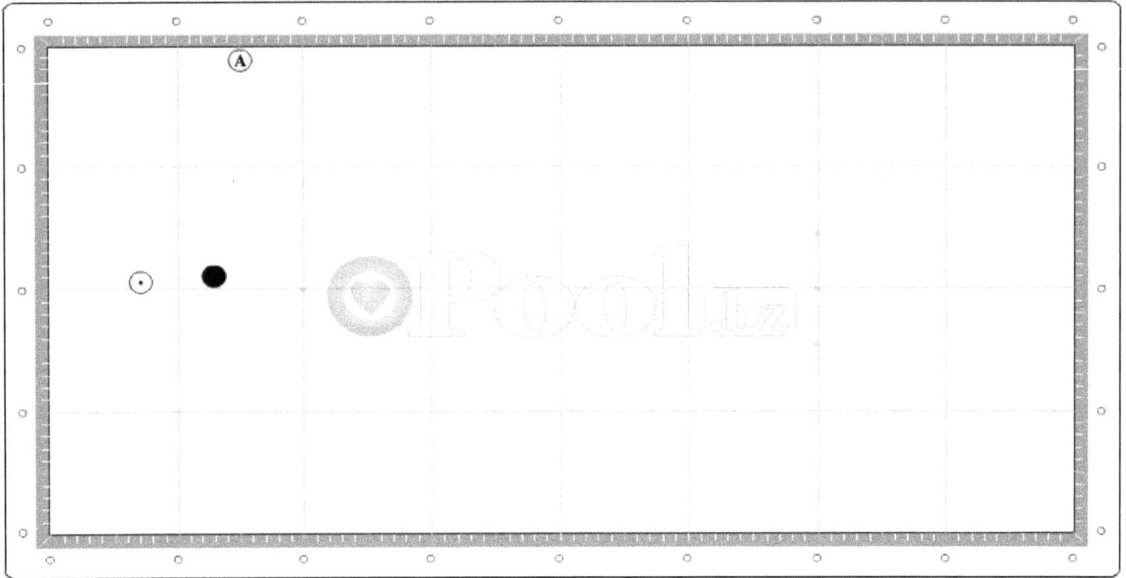

Noter og ideer:

Afspilning mønster

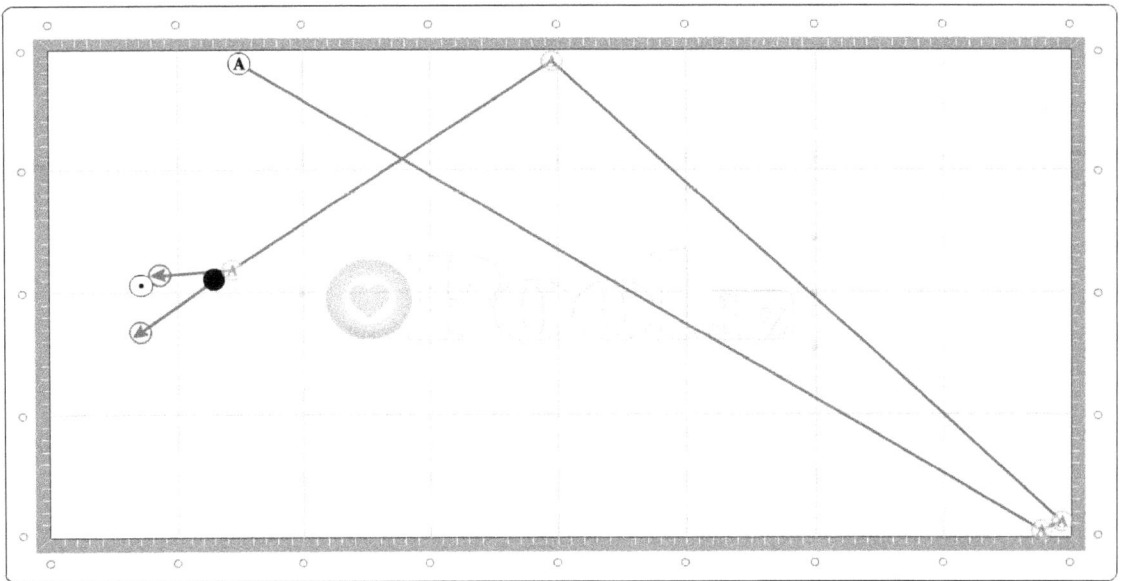

D:5b – Setup

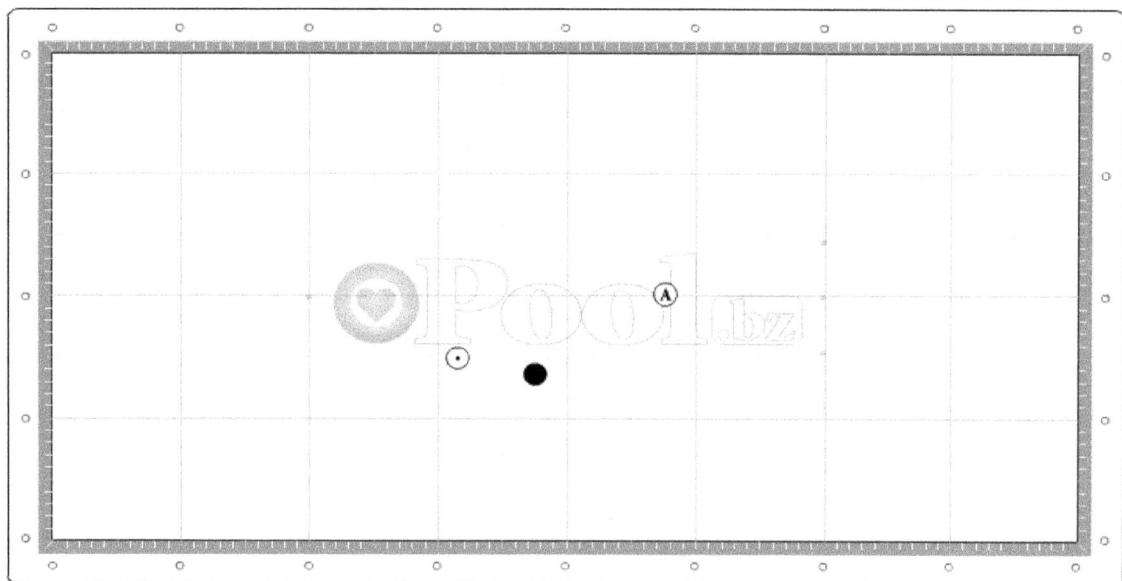

Noter og ideer:

Afspilning mønster

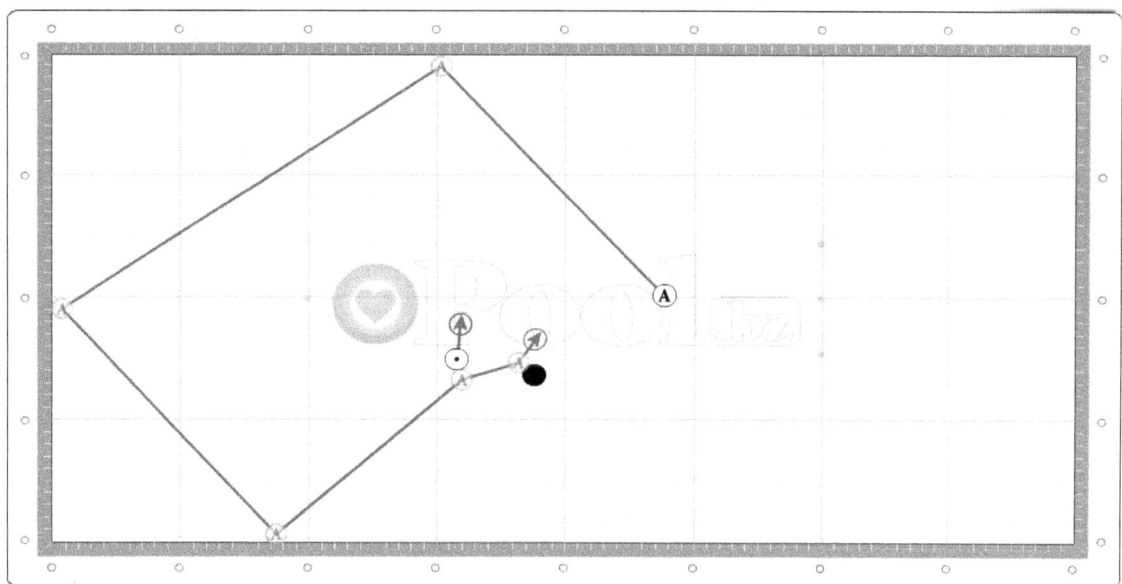

D:5c – Setup

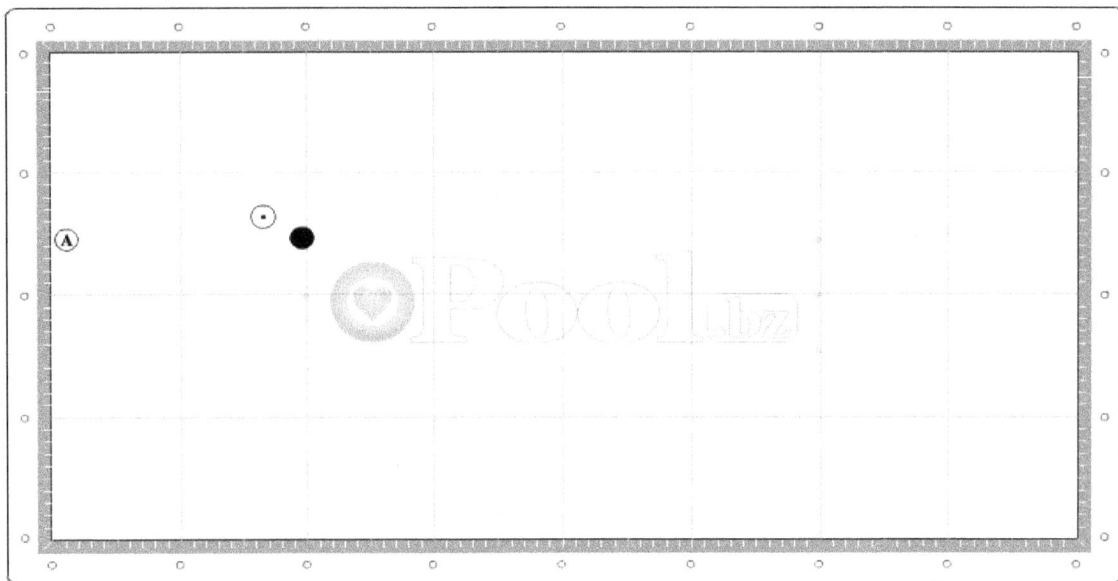

Noter og ideer:

Afspilning mønster

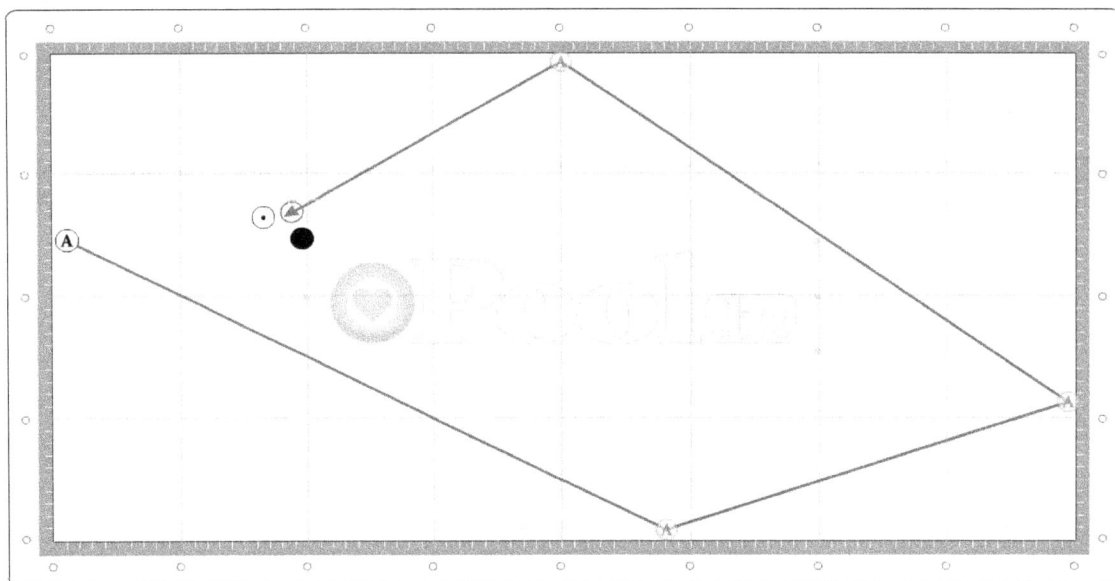

D:5d – Setup

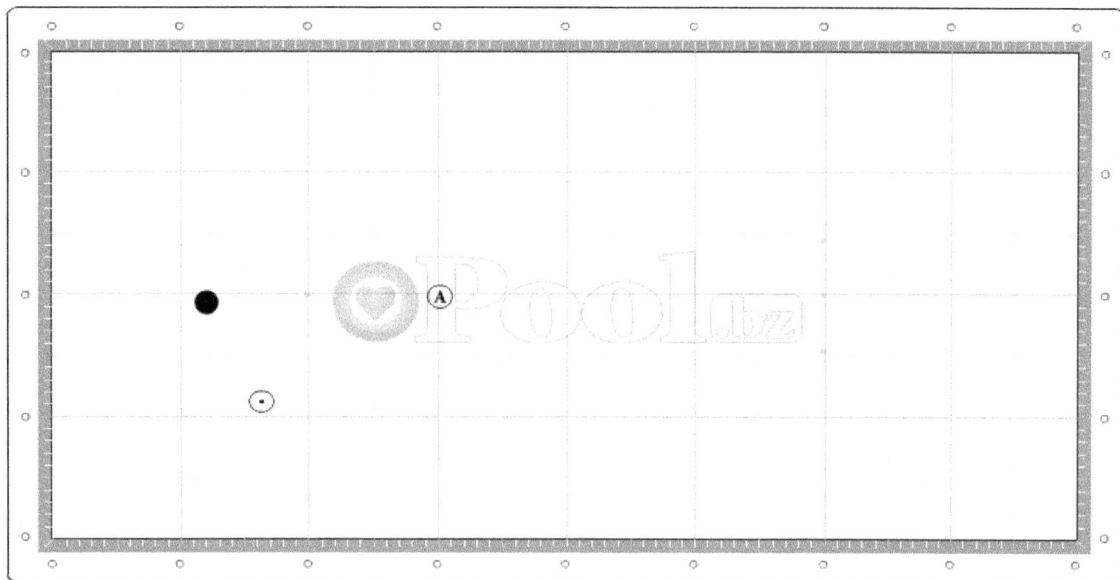

Noter og ideer:

Afspilning mønster

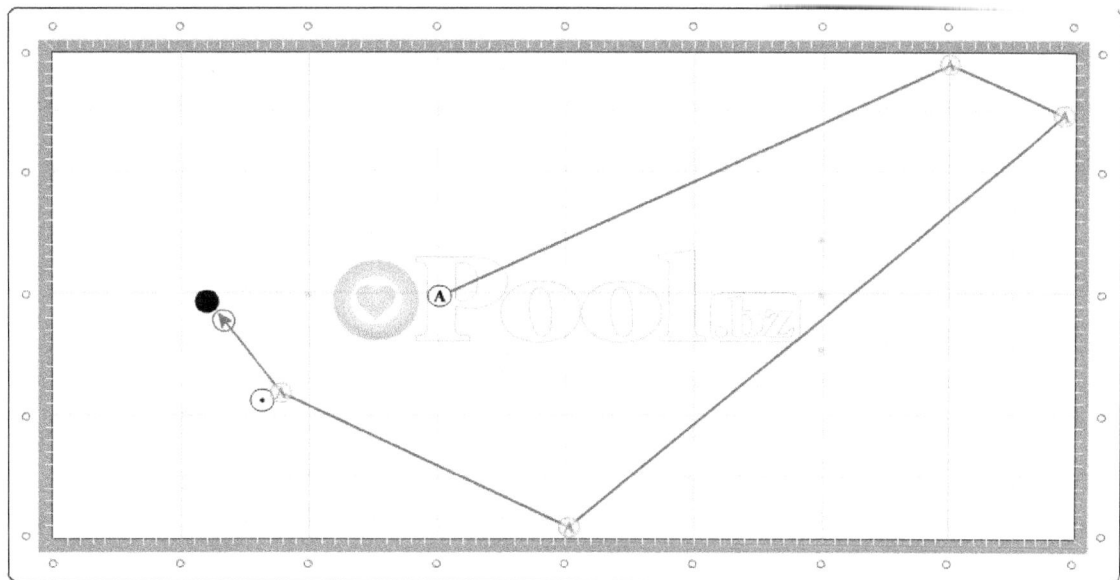

D: Gruppe 6

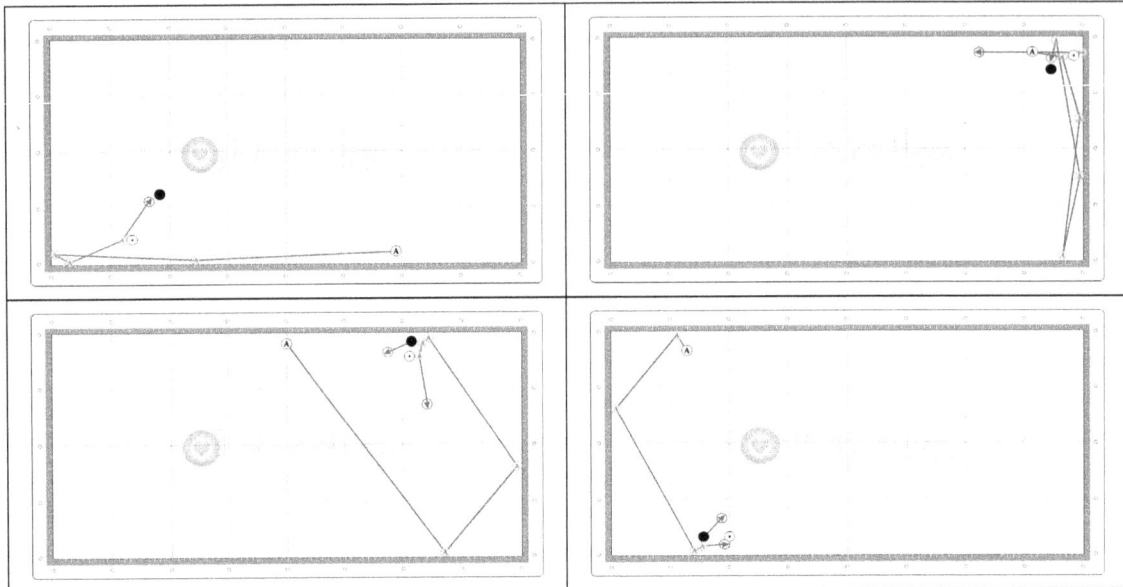

Analyse:

D:6a. _____

D:6b. _____

D:6c. _____

D:6d. _____

D:6a – Setup

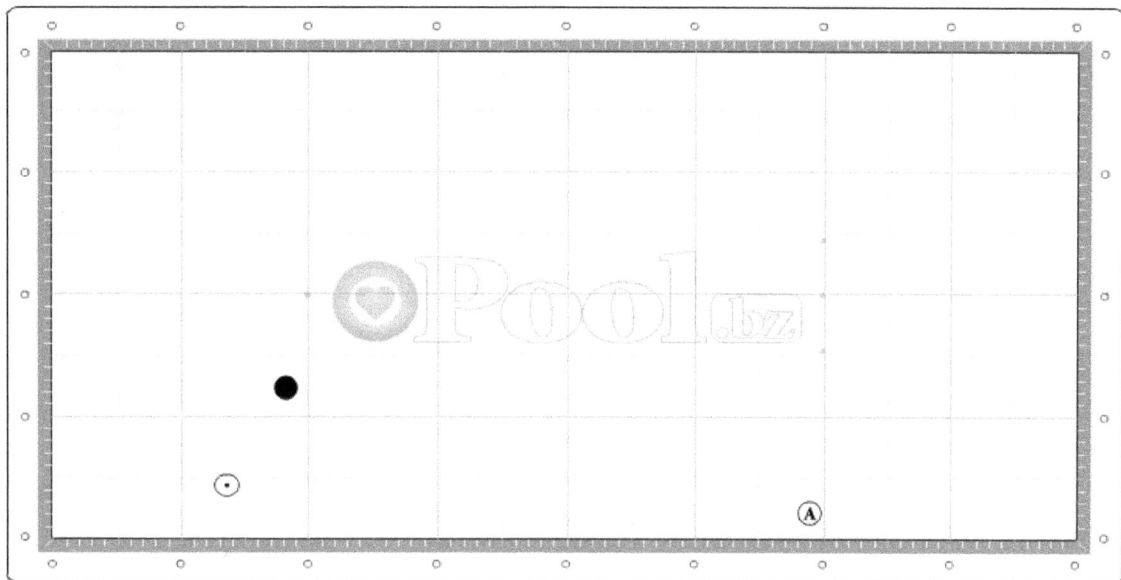

Noter og ideer:

Afspilning mønster

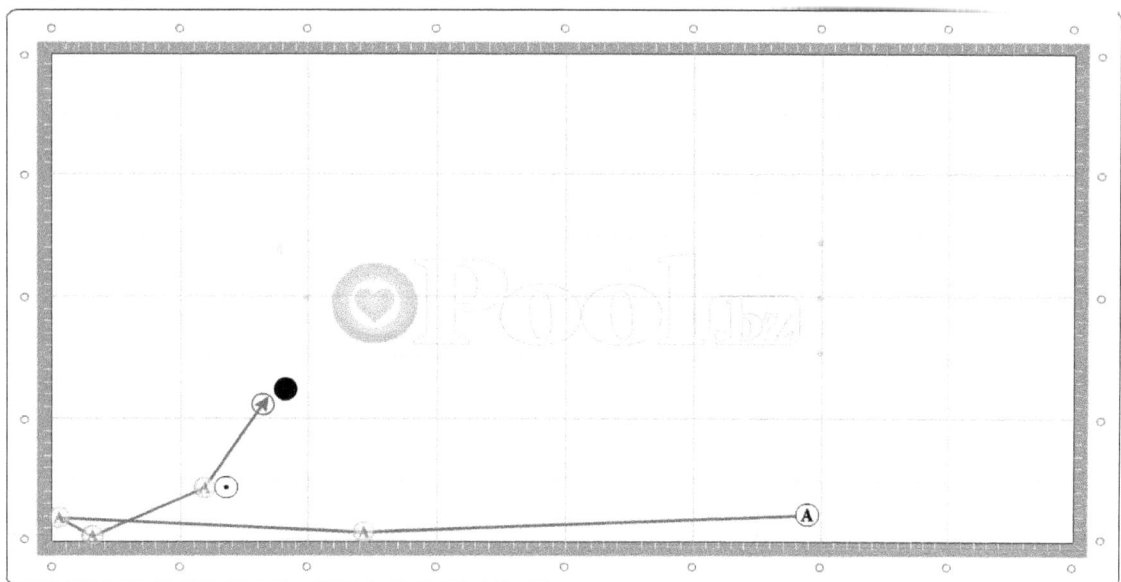

D:6b – Setup

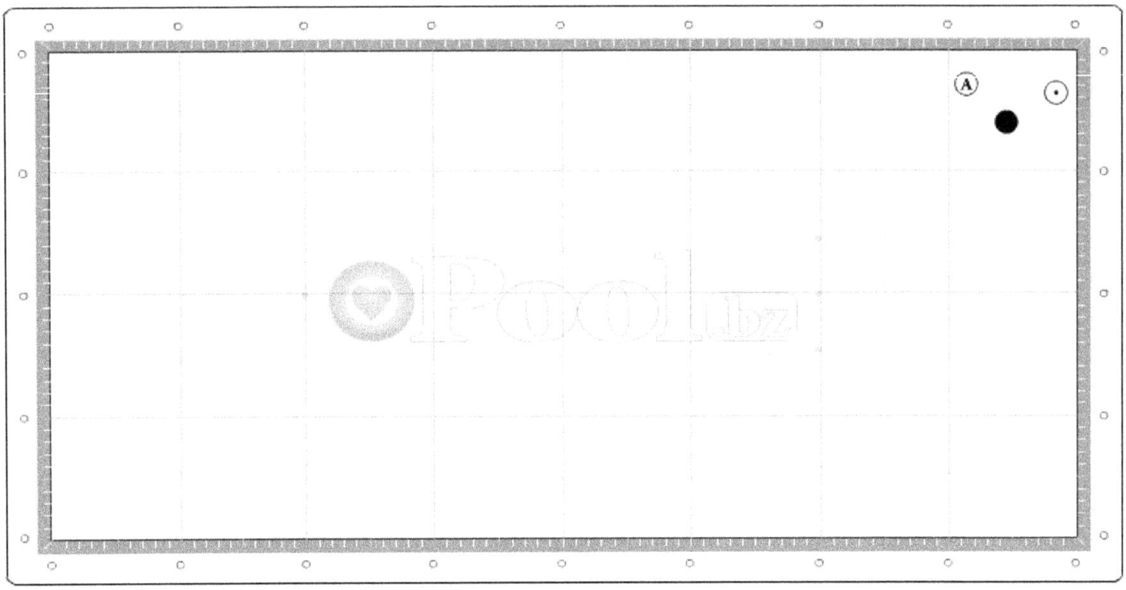

Noter og ideer:

Afspilning mønster

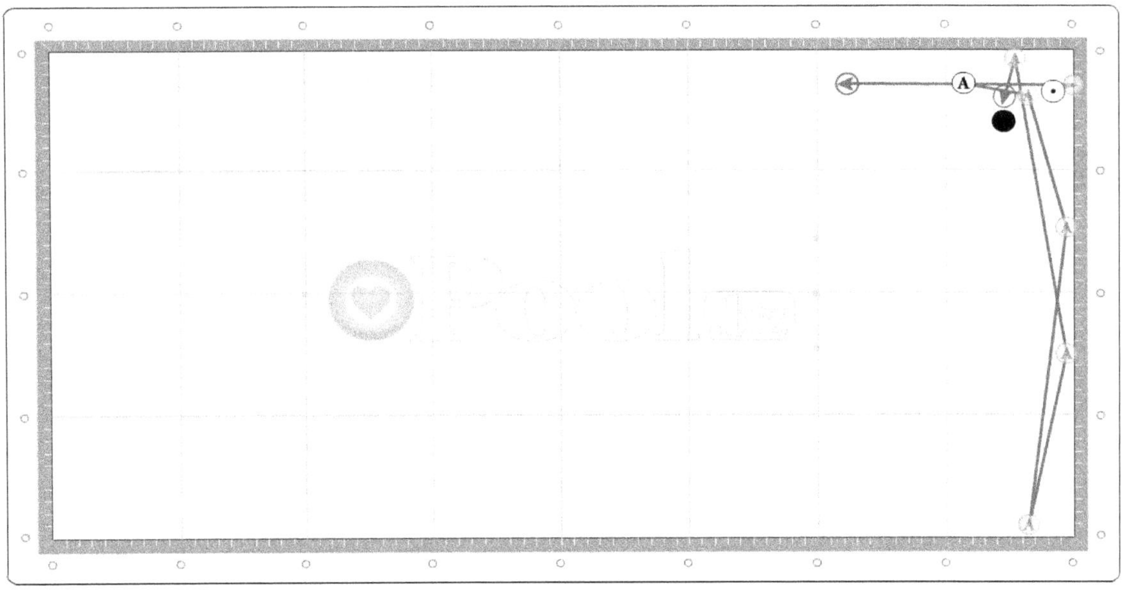

D:6c – Setup

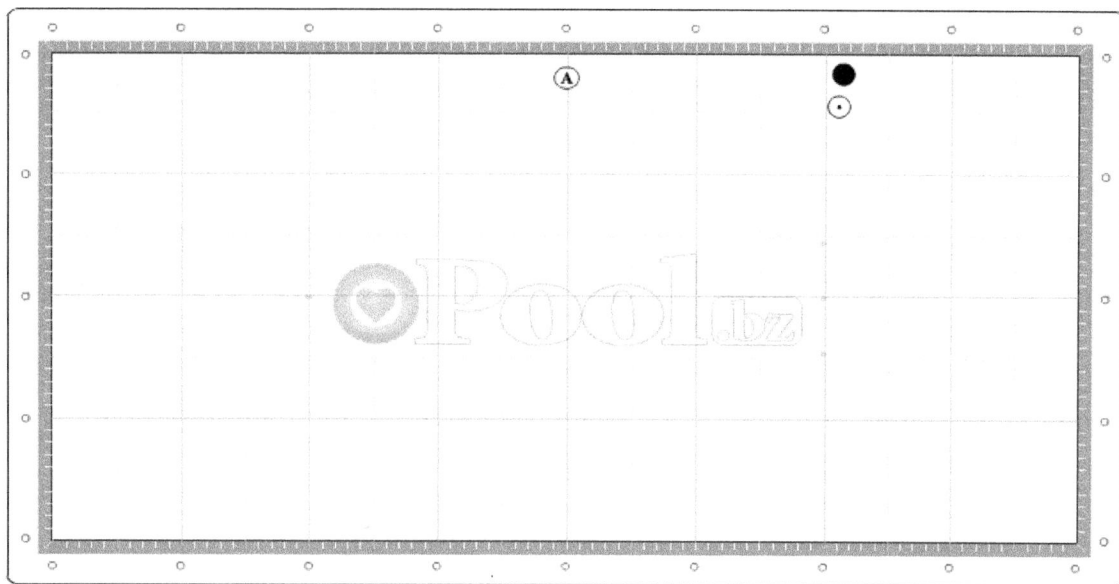

Noter og ideer:

Afspilning mønster

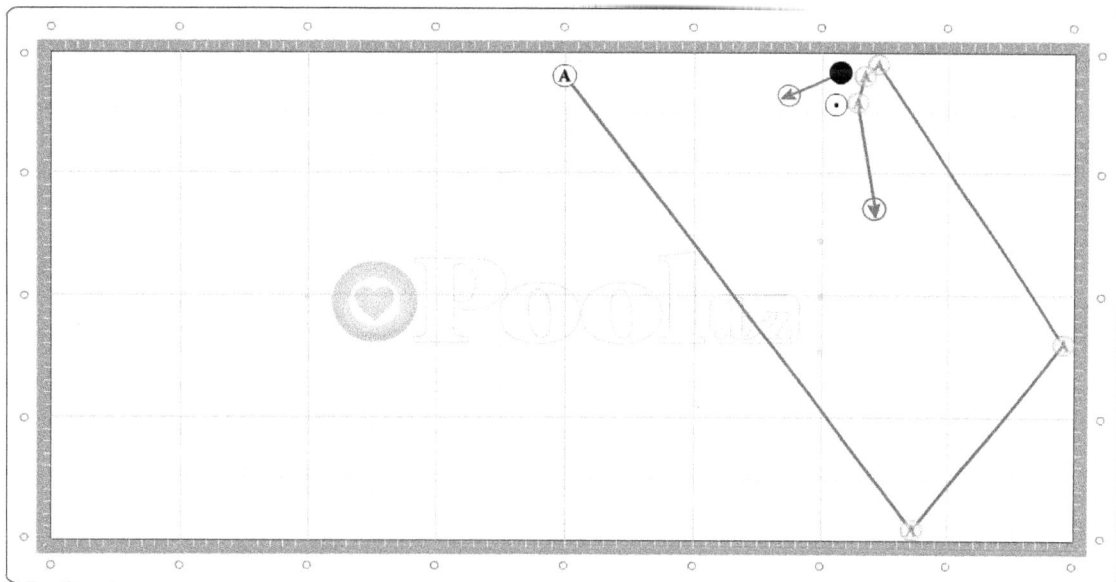

D:6d – Setup

Noter og ideer:

Afspilning mønster

E: 3 bander først, serie 2

Dette er flere tre bande første situationer.

(A) (CB) (din billardkugle) – (·) (OB) (modstander billardkugle) – ● (OB) (rød billardkugle)

E: Gruppe 1

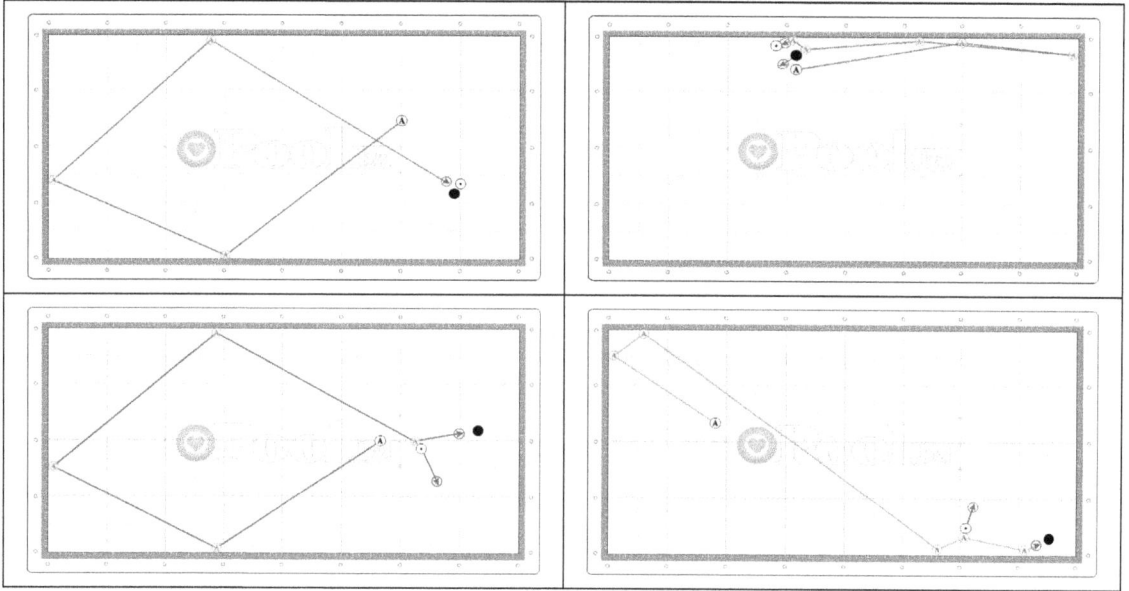

Analyse:

E:1a. _____

E:1b. _____

E:1c. _____

E:1d. _____

E:1a – Setup

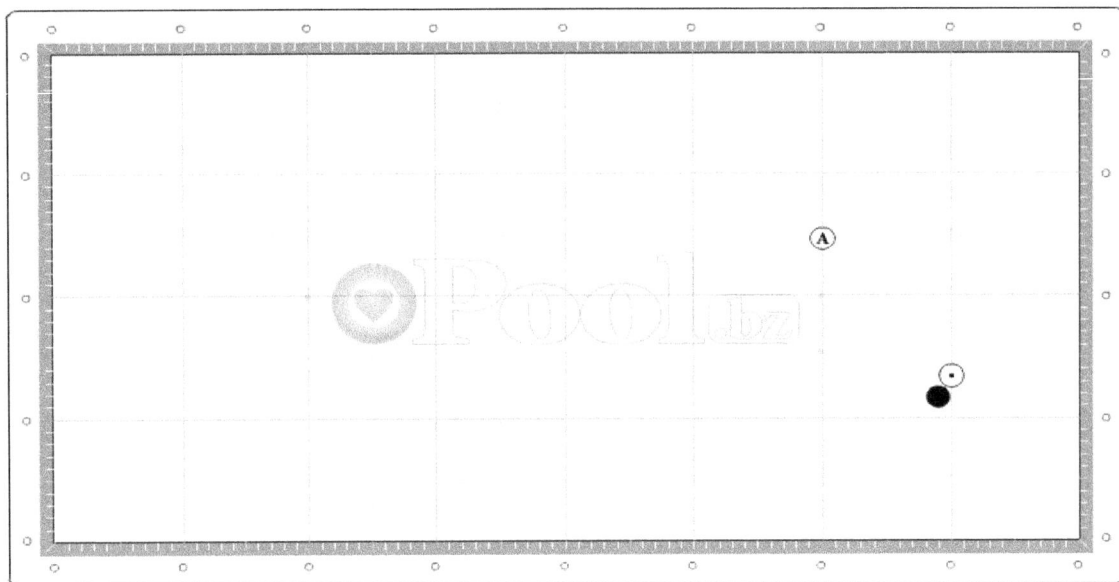

Noter og ideer:

Afspilning mønster

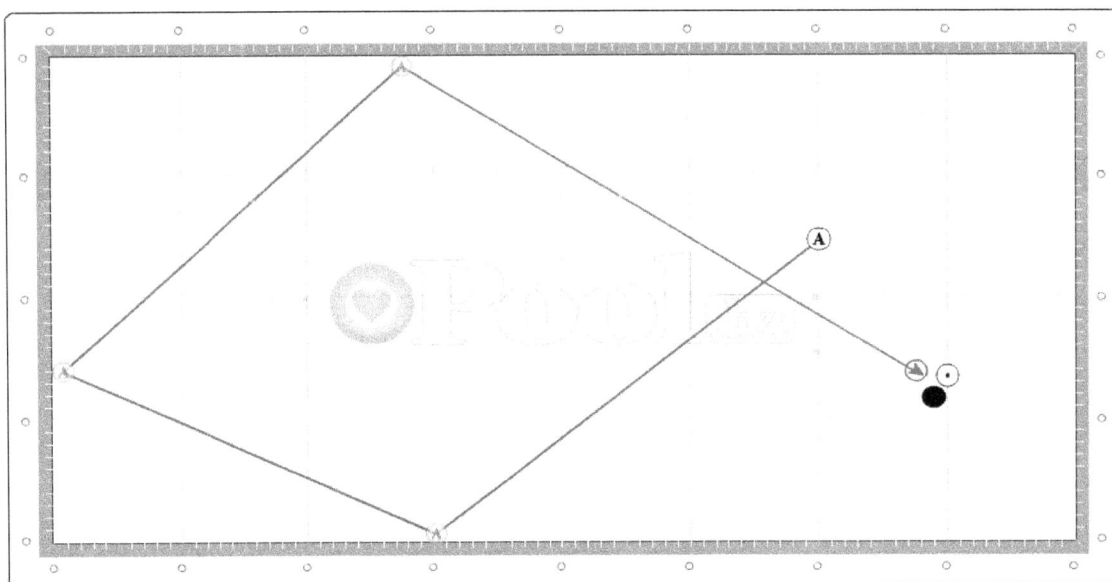

E:1b – Setup

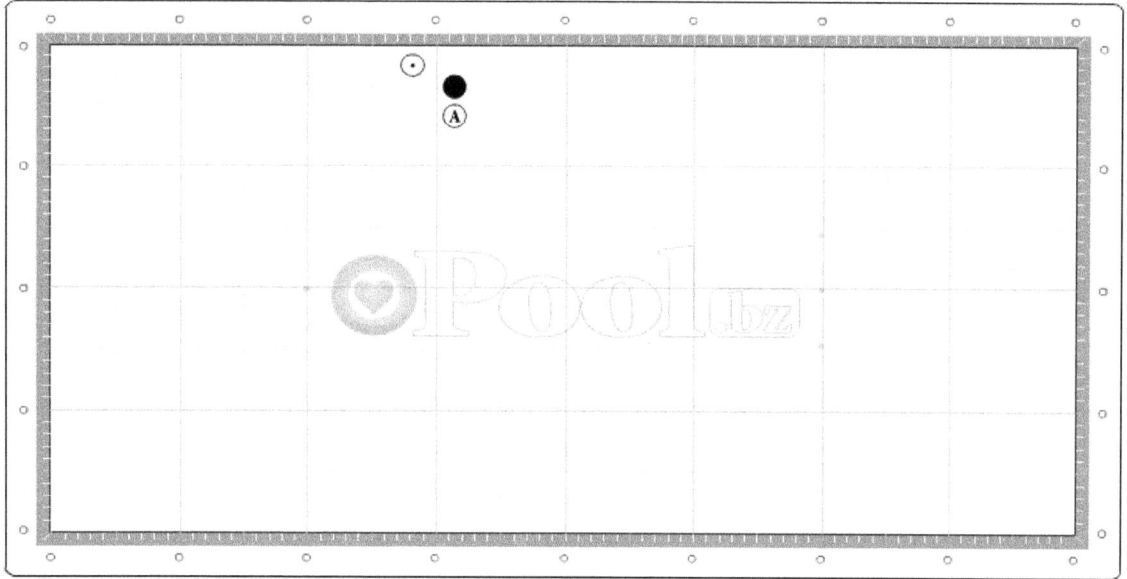

Noter og ideer:

Afspilning mønster

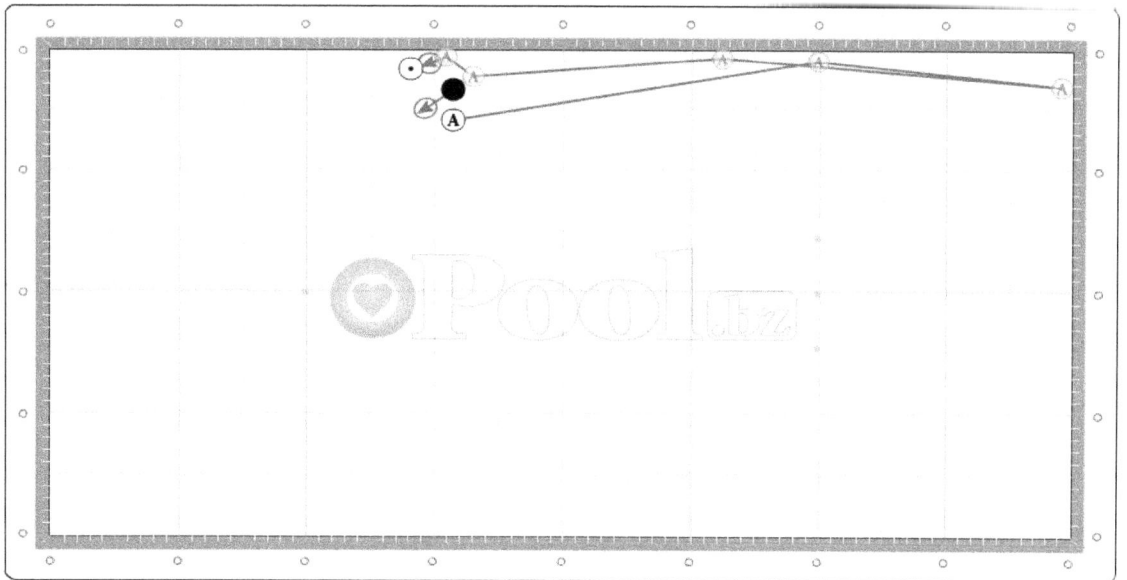

E:1c – Setup

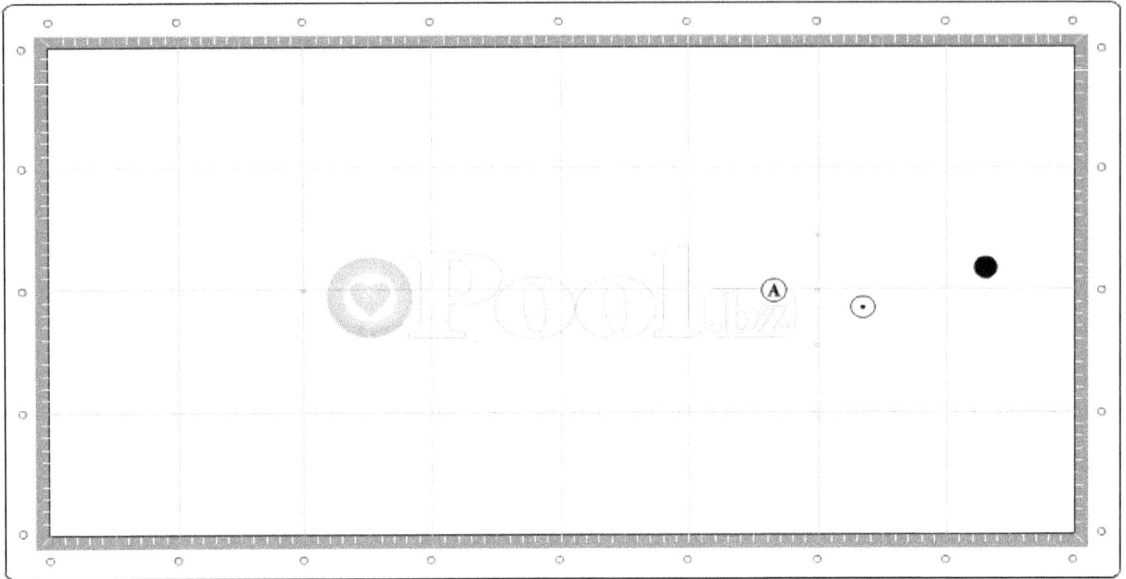

Noter og ideer:

Afspilning mønster

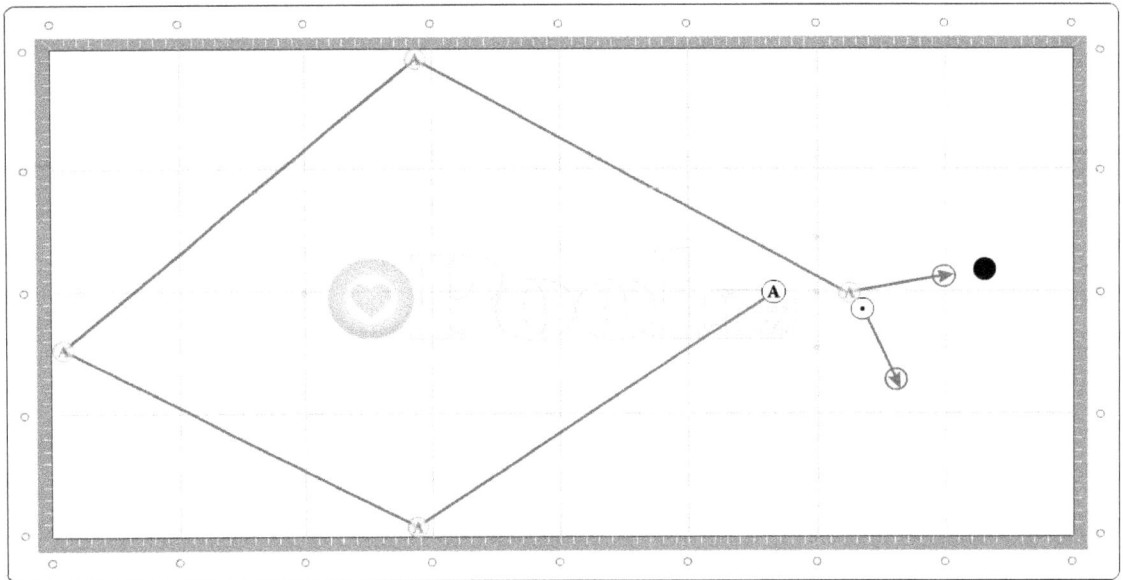

E:1d – Setup

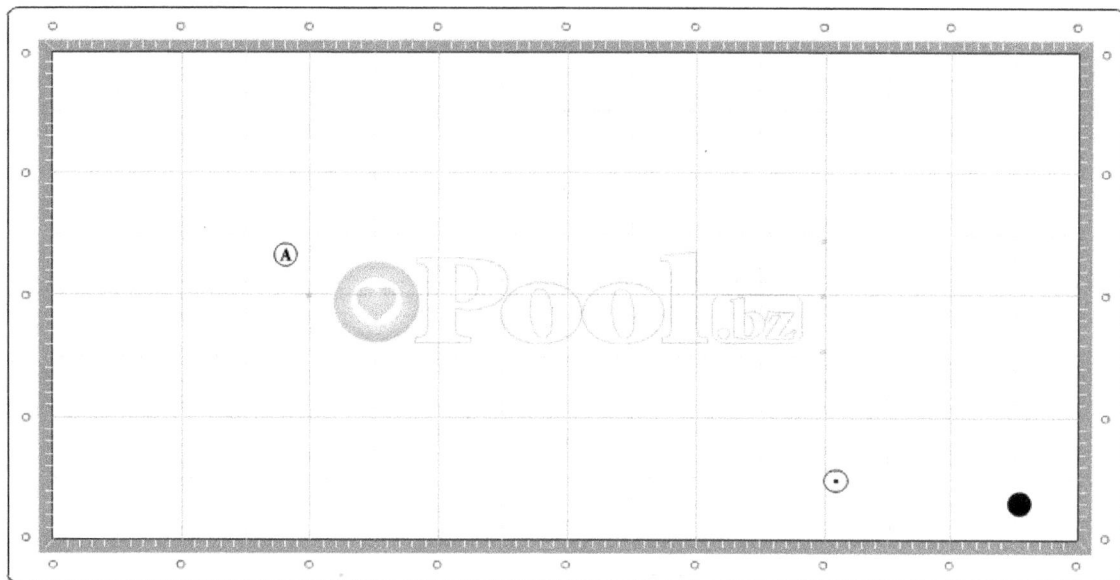

Noter og ideer:

Afspilning mønster

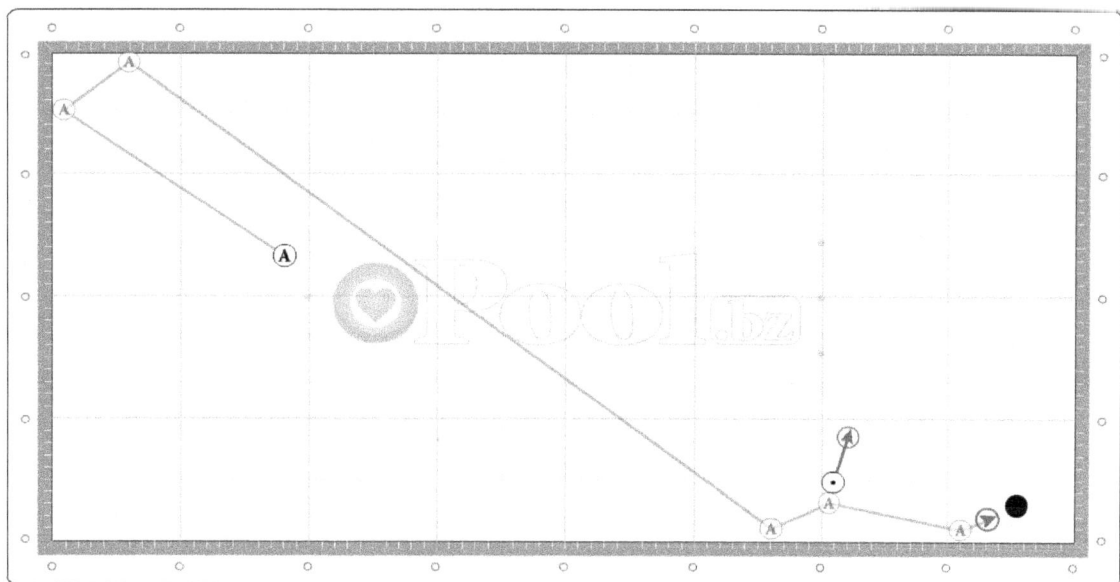

E: Gruppe 2

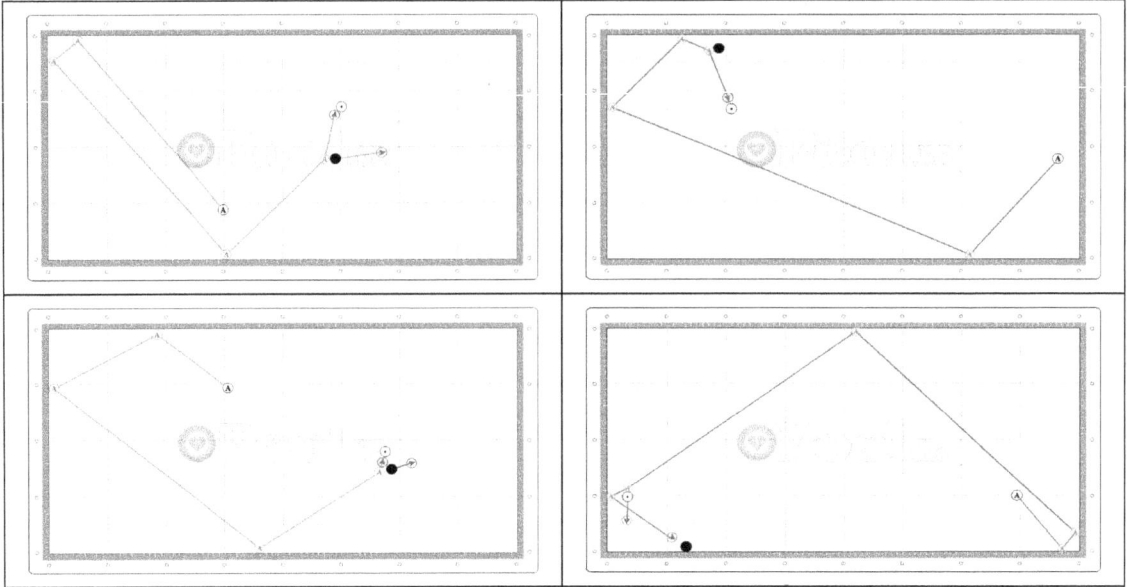

Analyse:

E:2a. _____

E:2b. _____

E:2c. _____

E:2d. _____

E:2a – Setup

Noter og ideer:

Afspilning mønster

E:2b – Setup

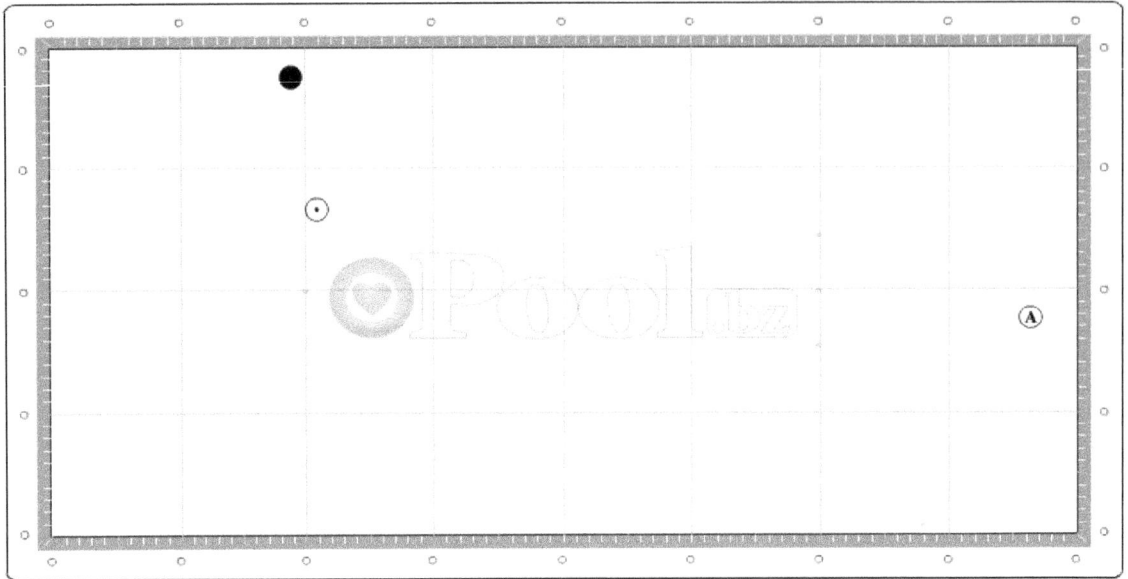

Noter og ideer:

Afspilning mønster

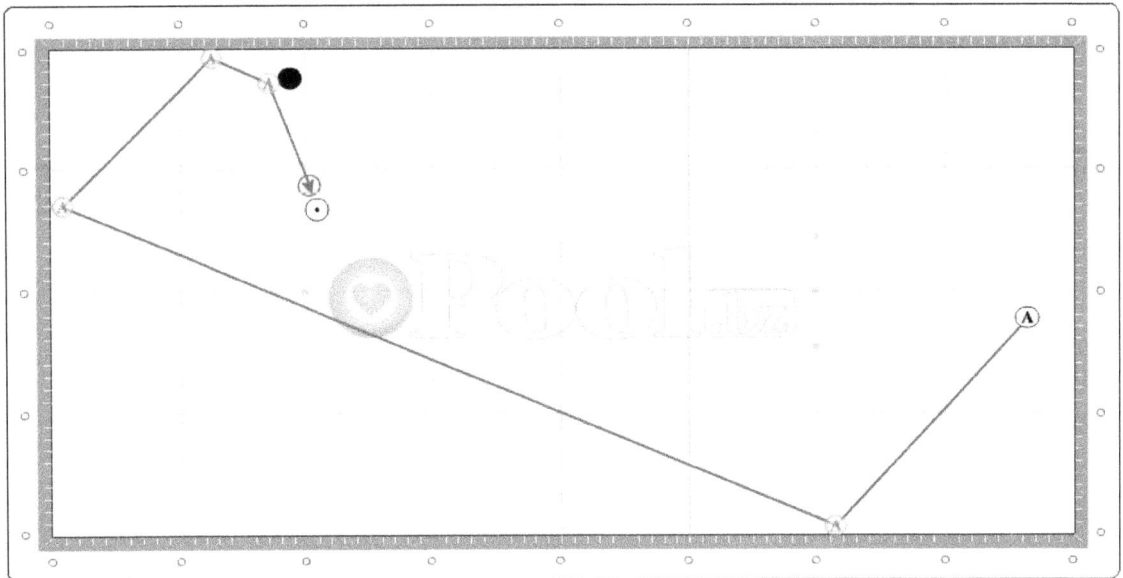

E:2c – Setup

Noter og ideer:

Afspilning mønster

E:2d – Setup

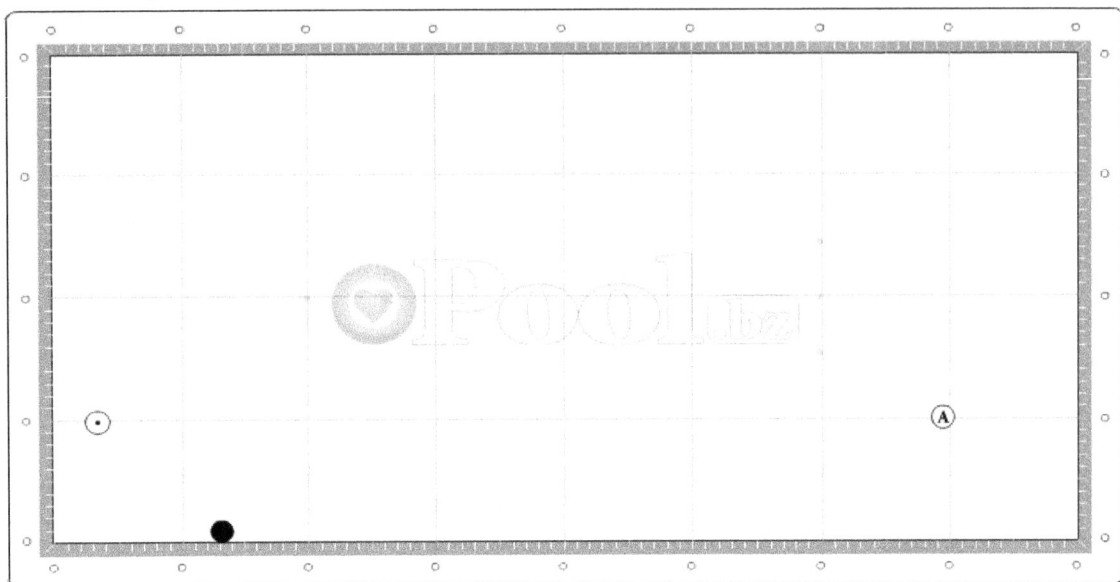

Noter og ideer:

Afspilning mønster

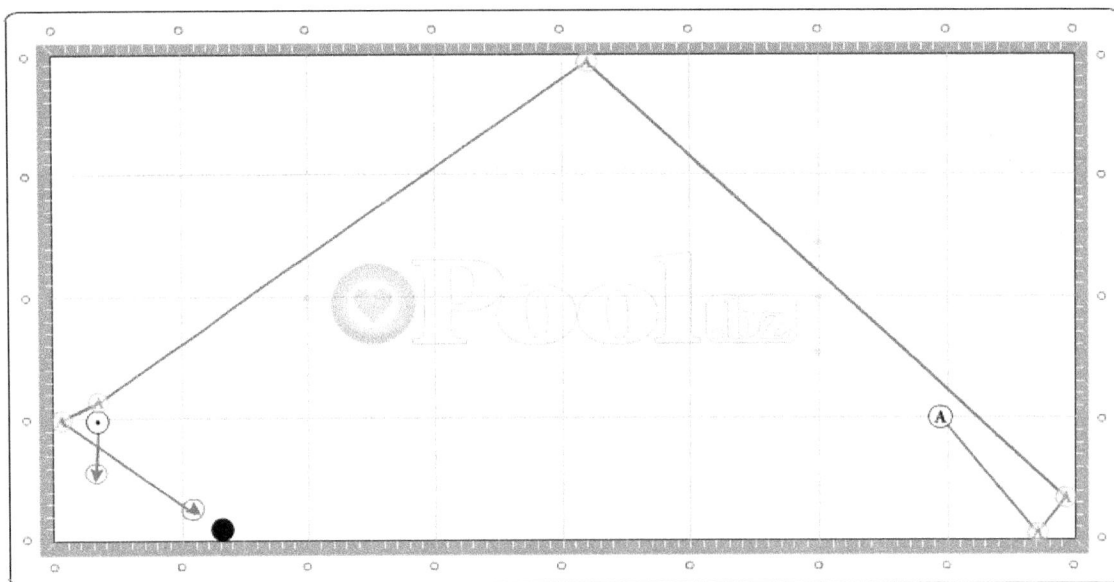

E: Gruppe 3

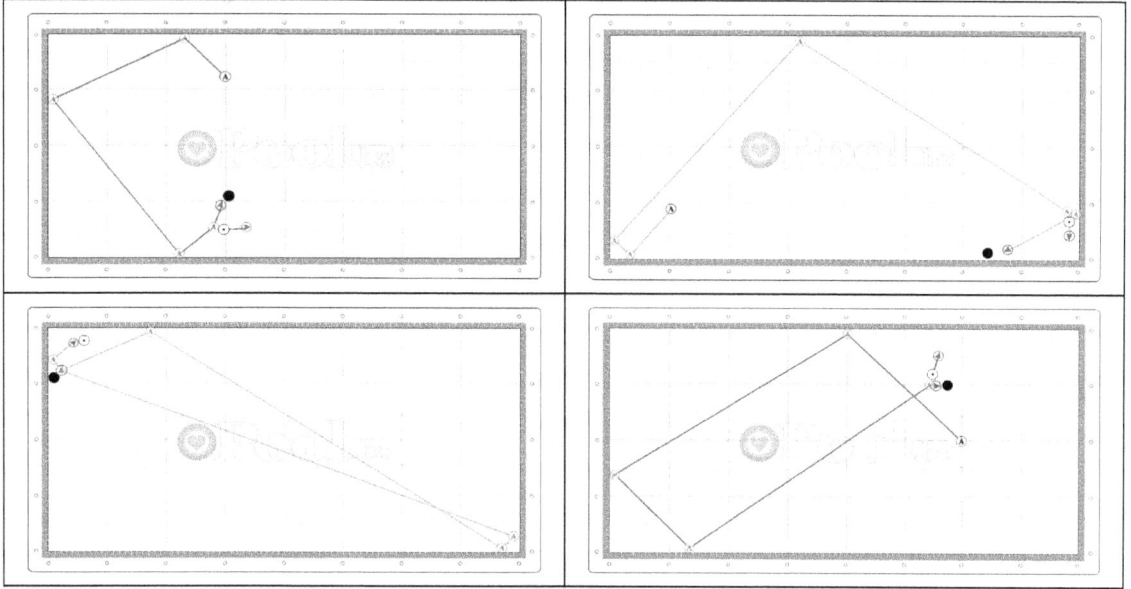

Analyse:

E:3a. _____

E:3b. _____

E:3c. _____

E:3d. _____

E:3a – Setup

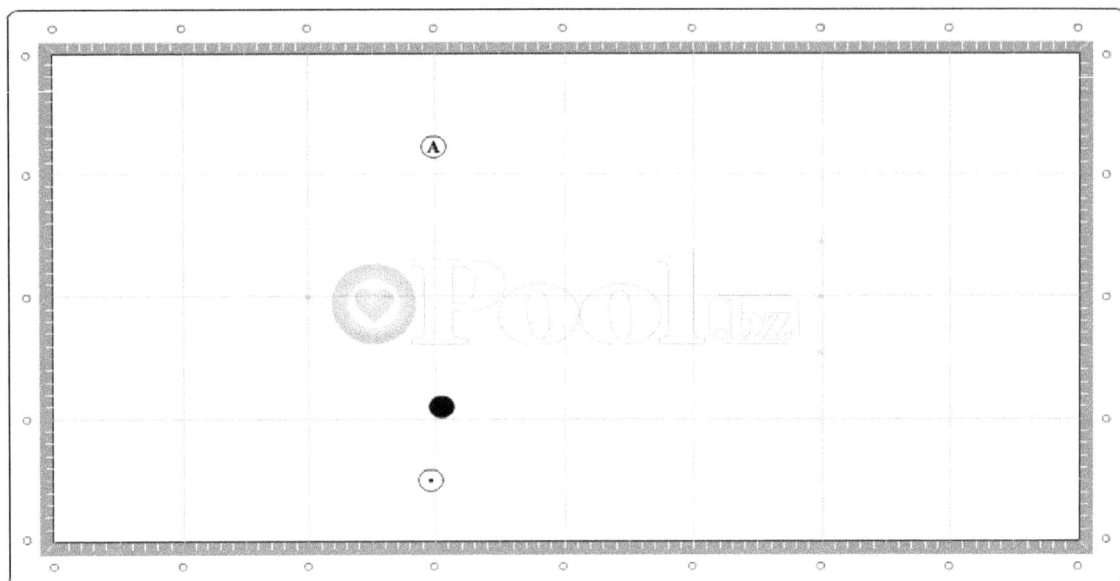

Noter og ideer:

Afspilning mønster

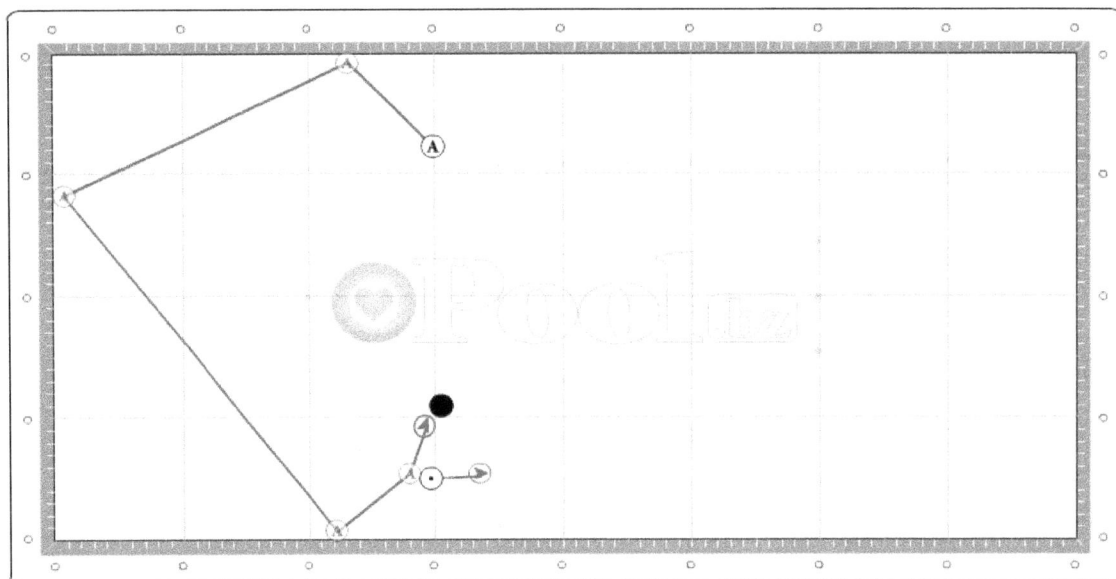

E:3b – Setup

Noter og ideer:

Afspilning mønster

E:3c – Setup

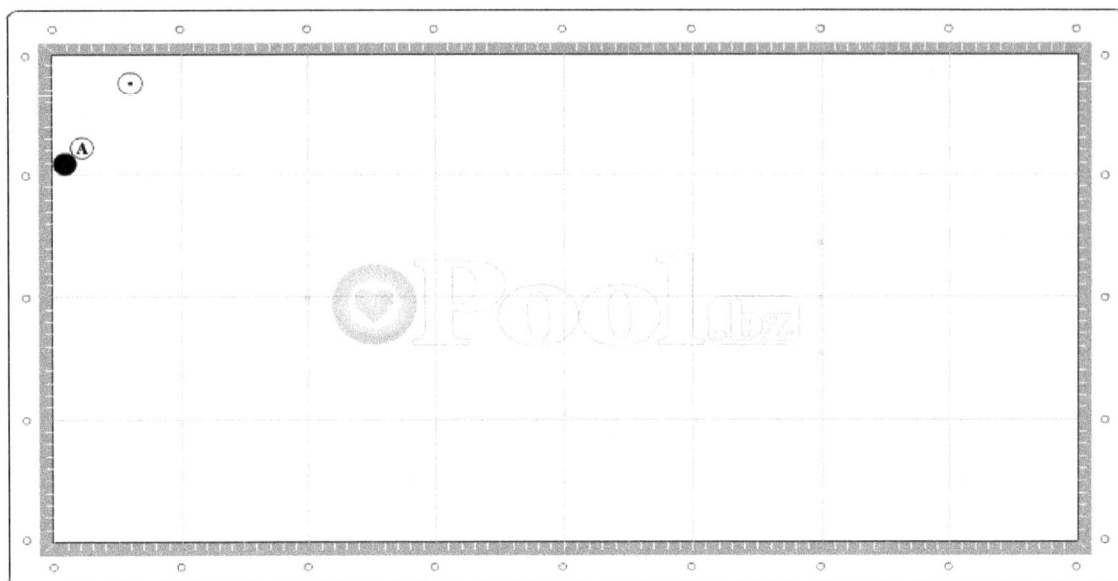

Noter og ideer:

Afspilning mønster

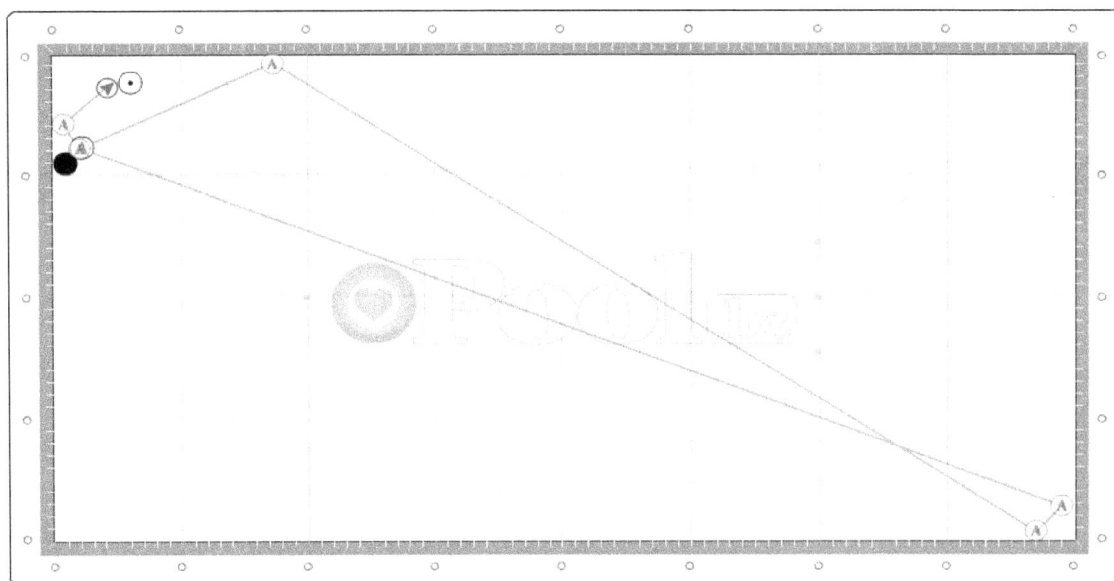

E:3d – Setup

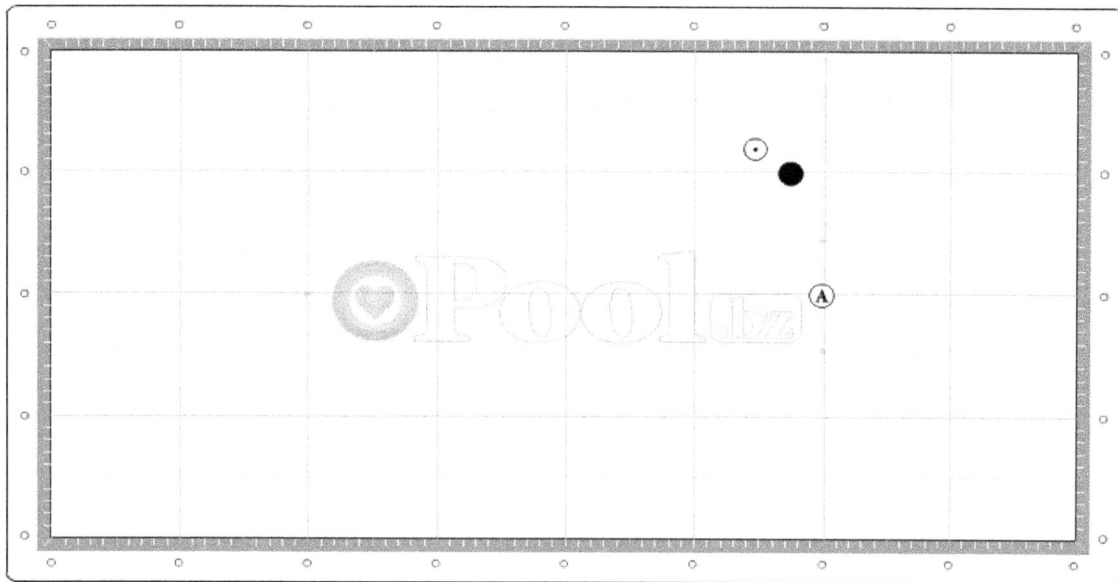

Noter og ideer:

Afspilning mønster

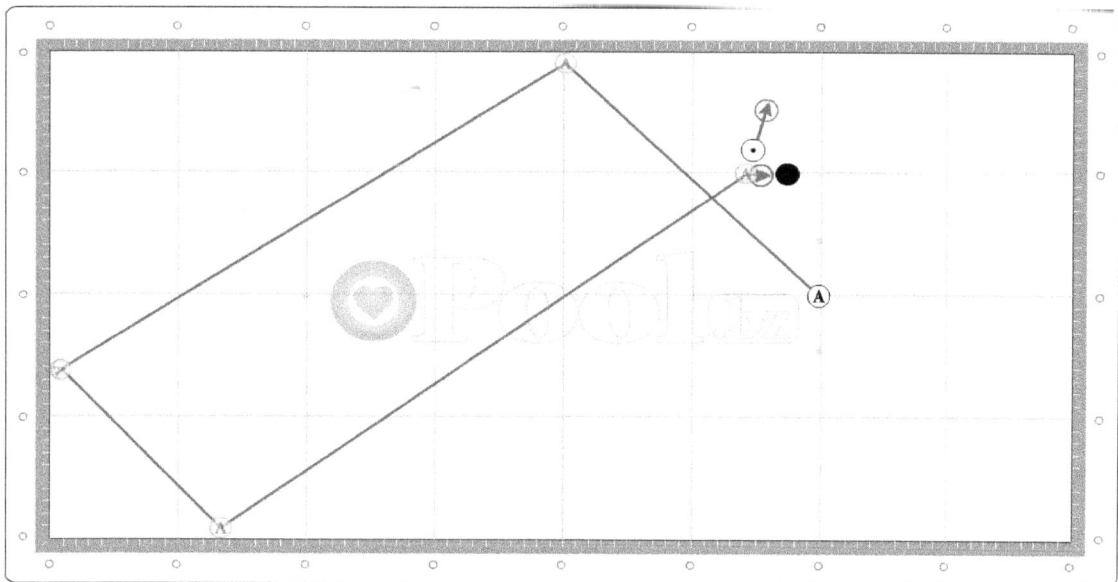

E: Gruppe 4

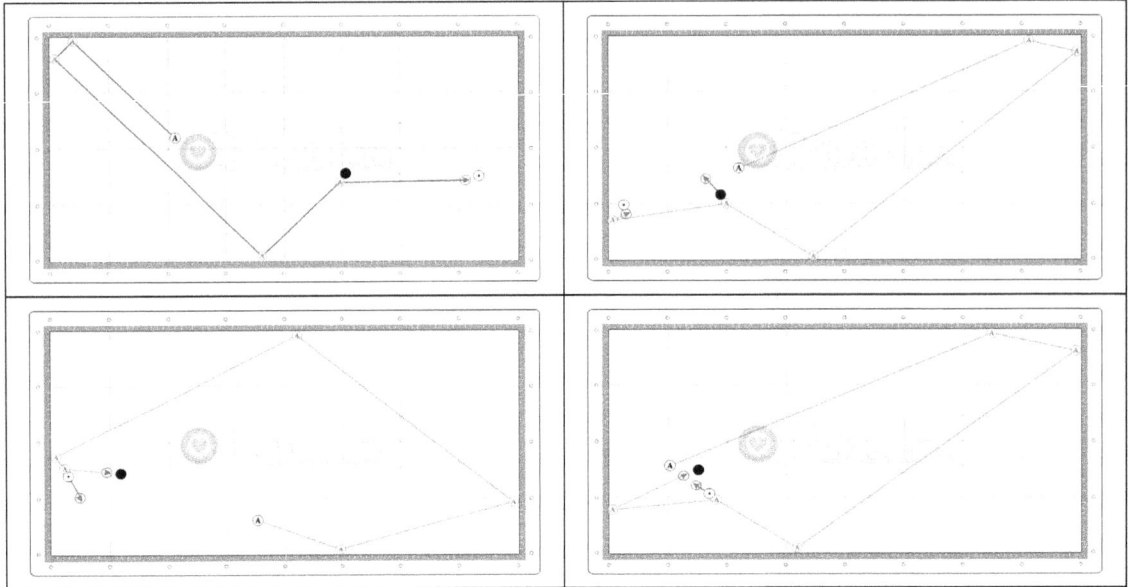

Analyse:

E:4a. _____

E:4b. _____

E:4c. _____

E:4d. _____

E:4a – Setup

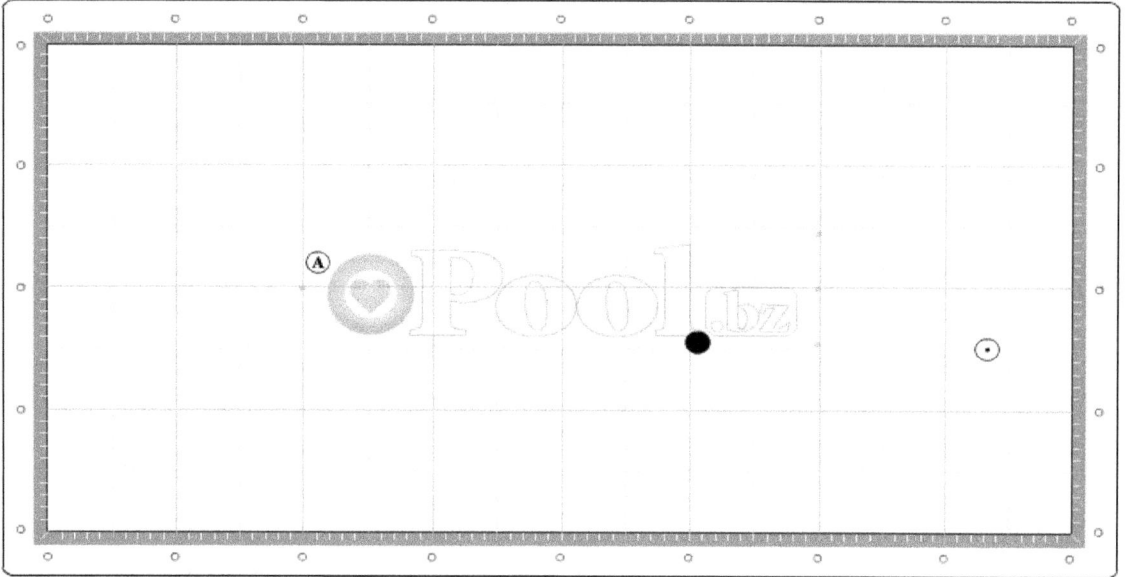

Noter og ideer:

Afspilning mønster

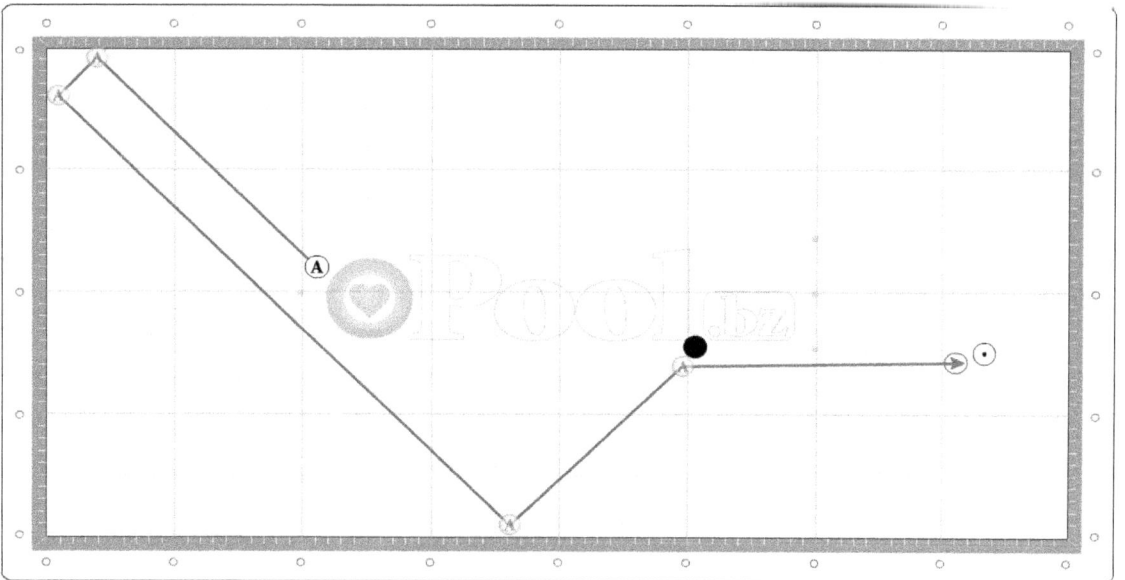

E:4b – Setup

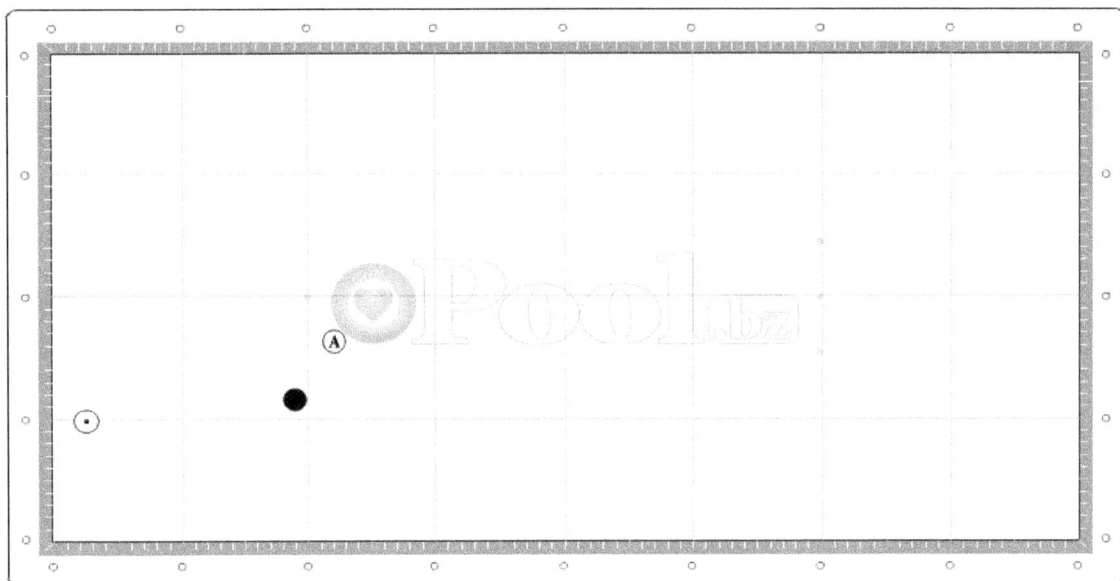

Noter og ideer:

Afspilning mønster

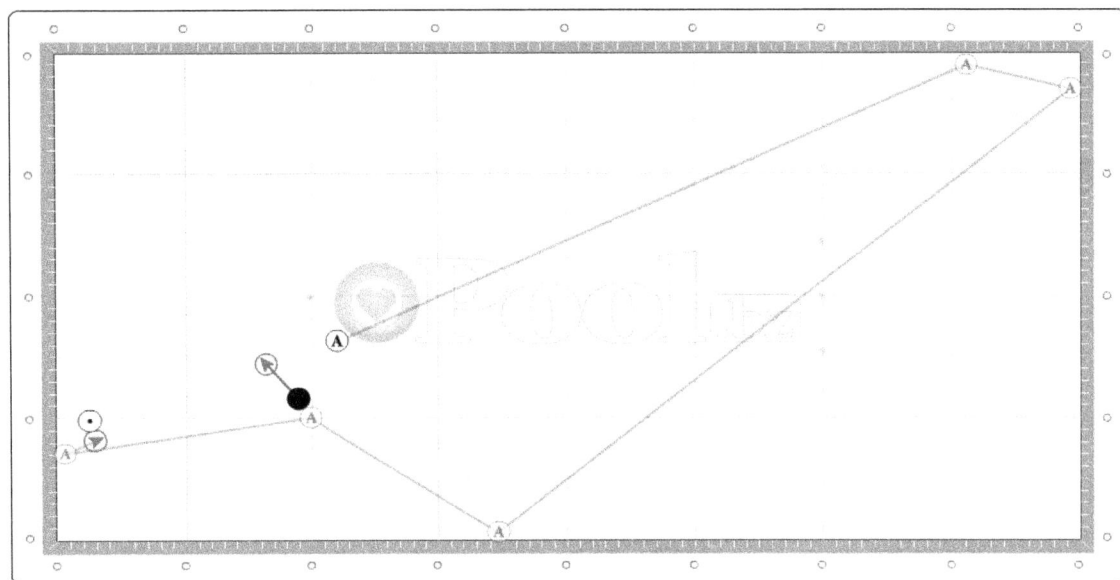

E:4c – Setup

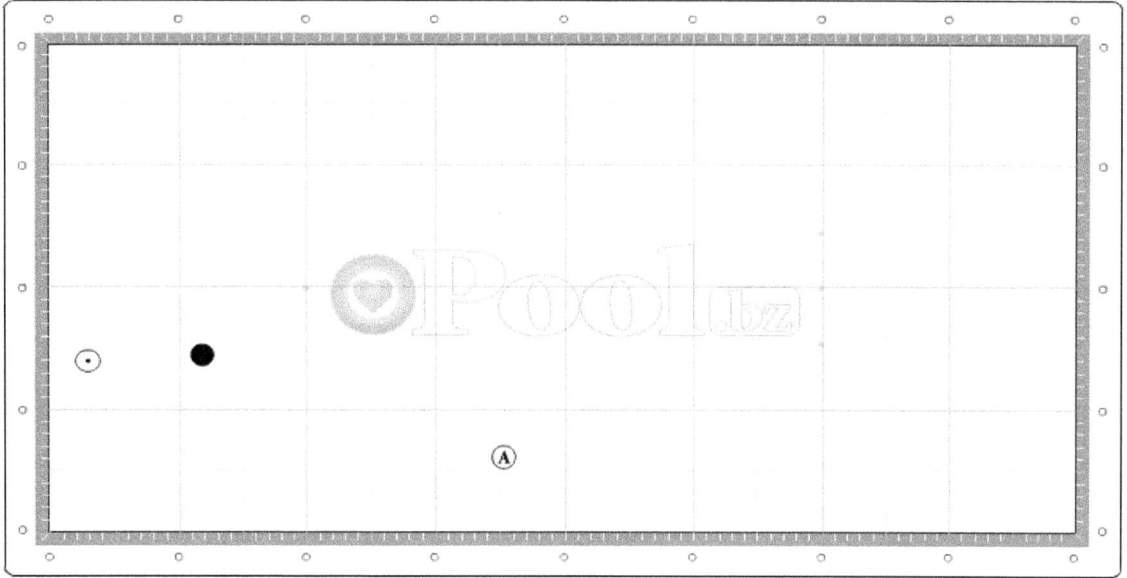

Noter og ideer:

Afspilning mønster

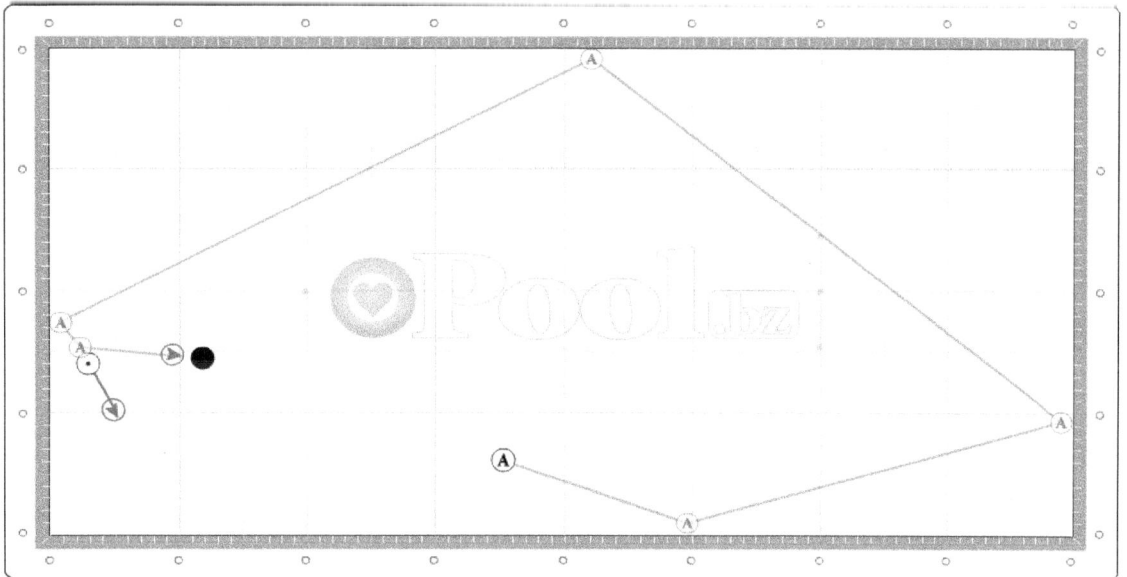

E:4d – Setup

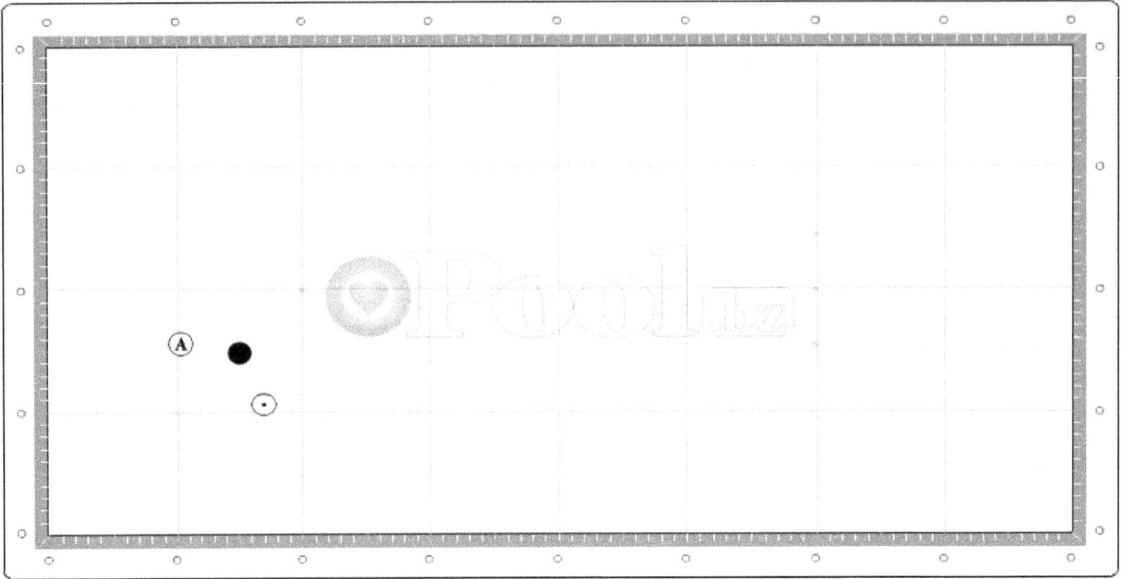

Noter og ideer:

Afspilning mønster

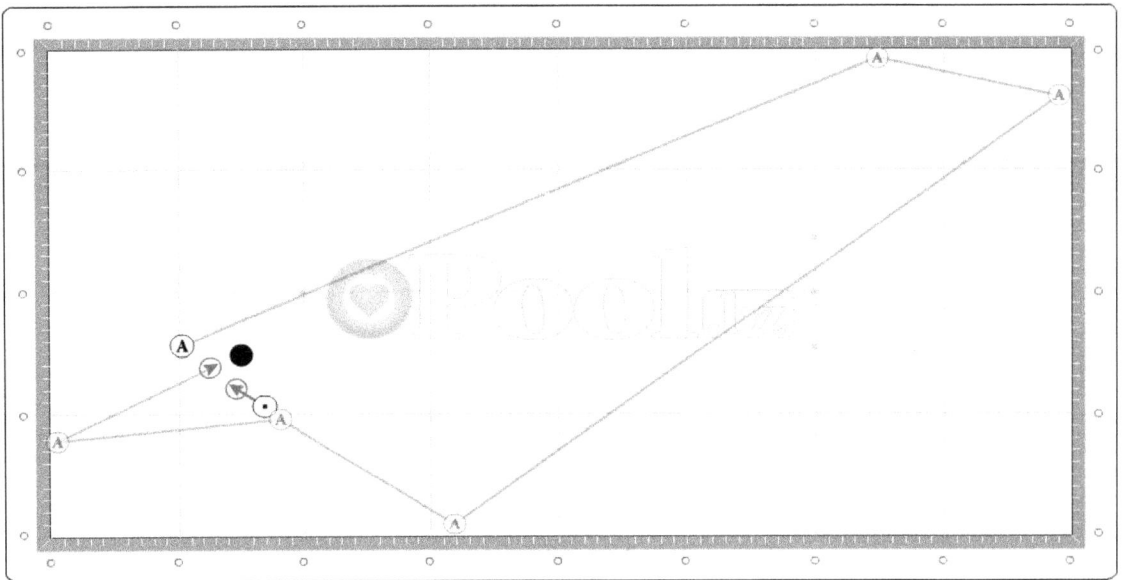

E: Gruppe 5

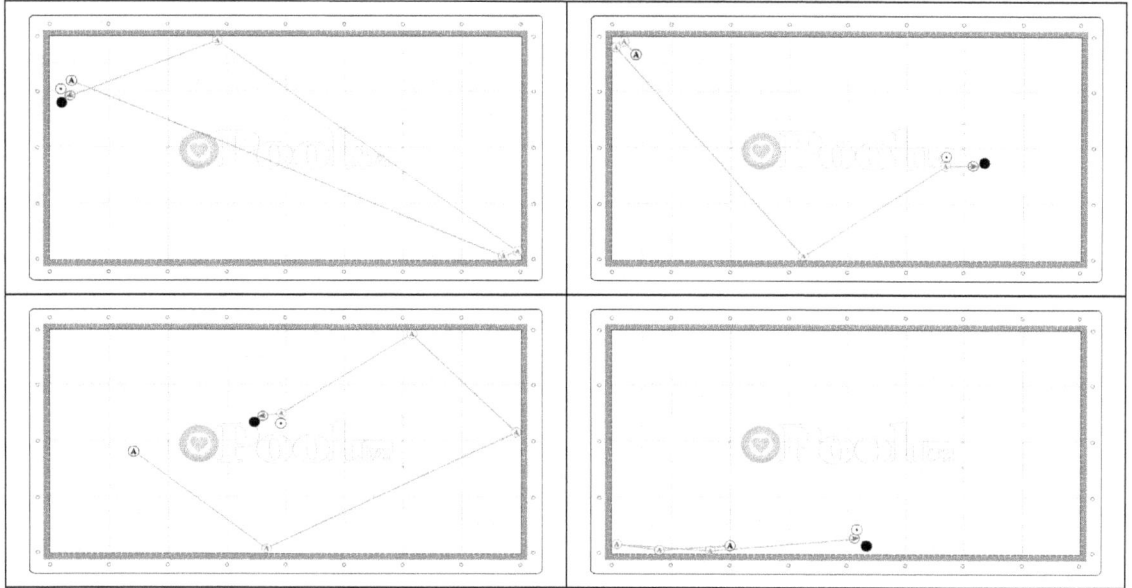

Analyse:

E:5a. _____

E:5b. _____

E:5c. _____

E:5d. _____

E:5a – Setup

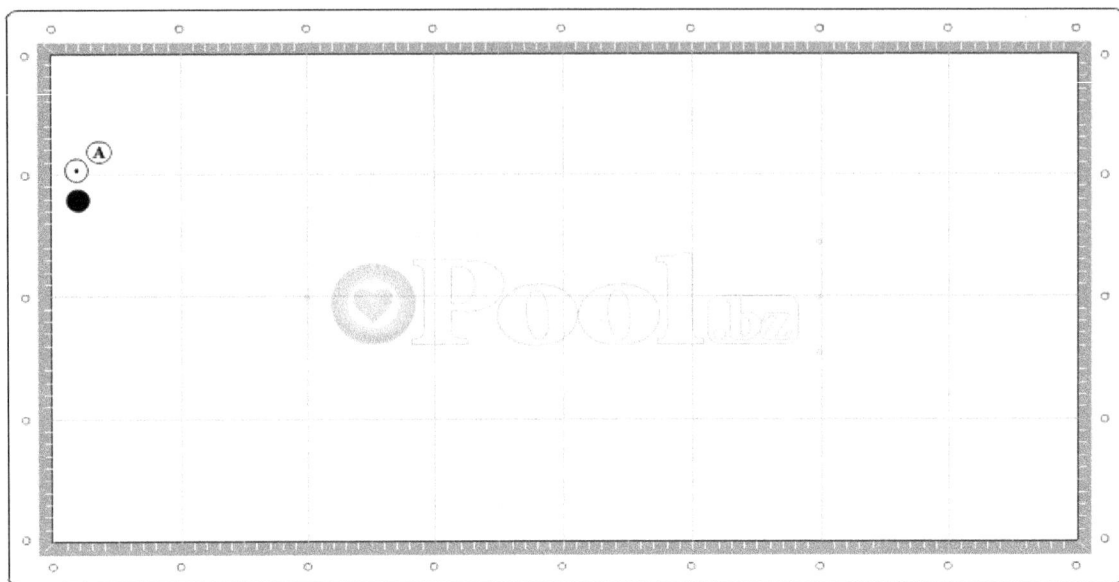

Noter og ideer:

Afspilning mønster

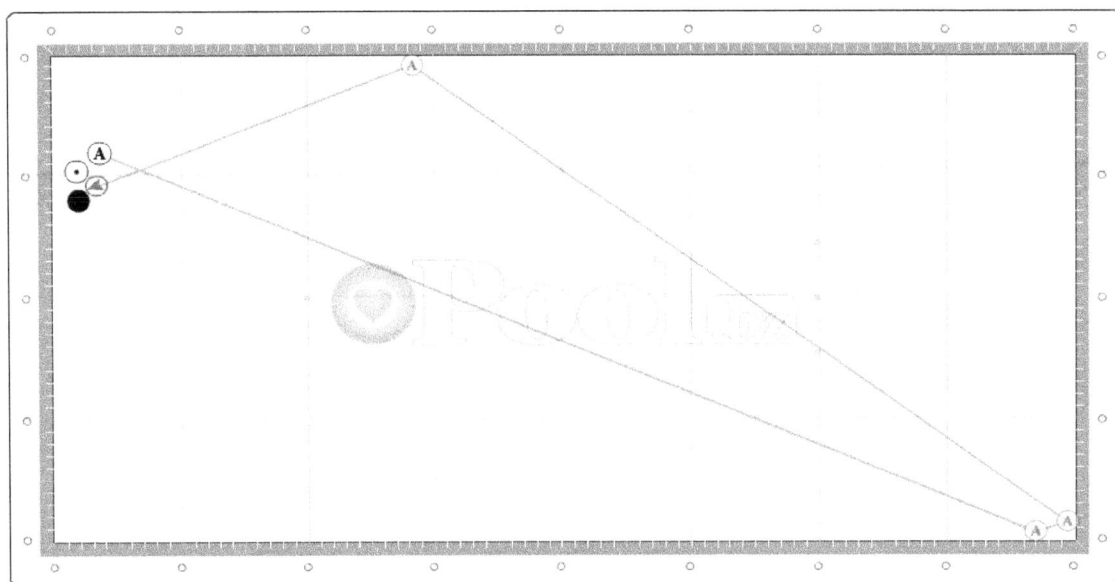

E:5b – Setup

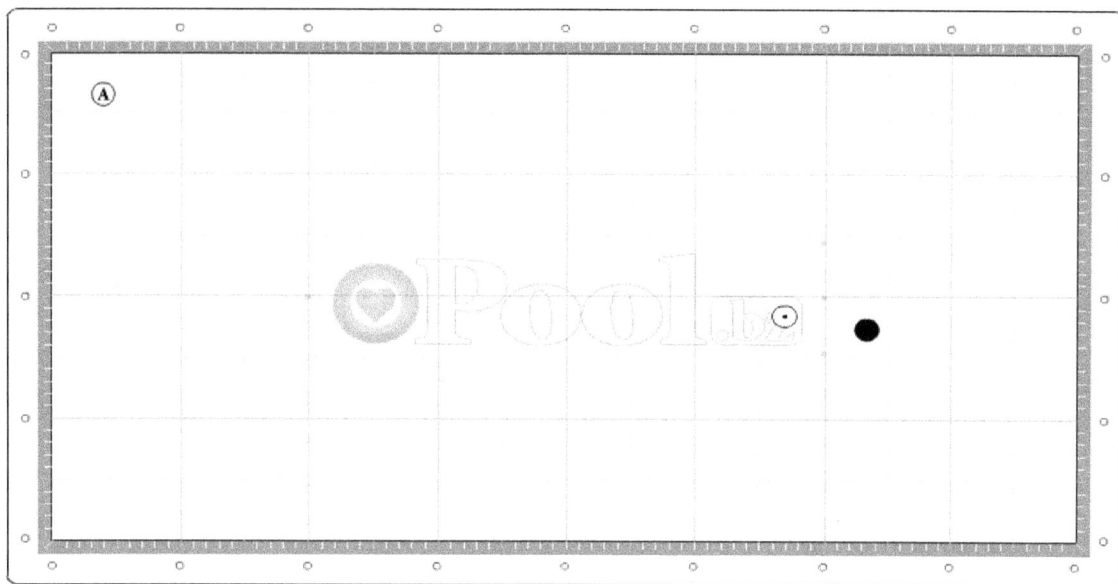

Noter og ideer:

Afspilning mønster

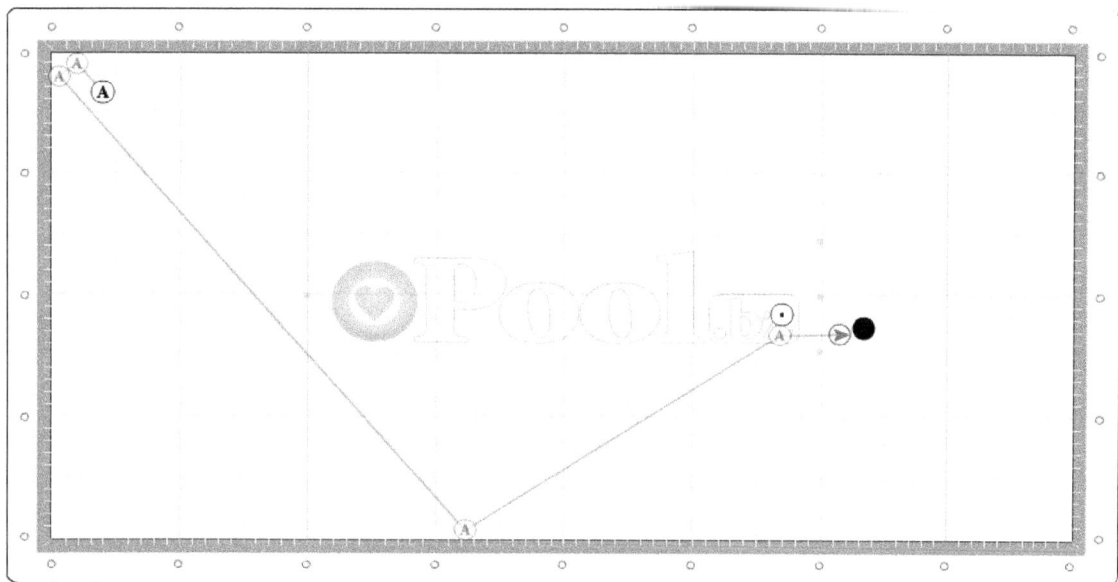

E:5c – Setup

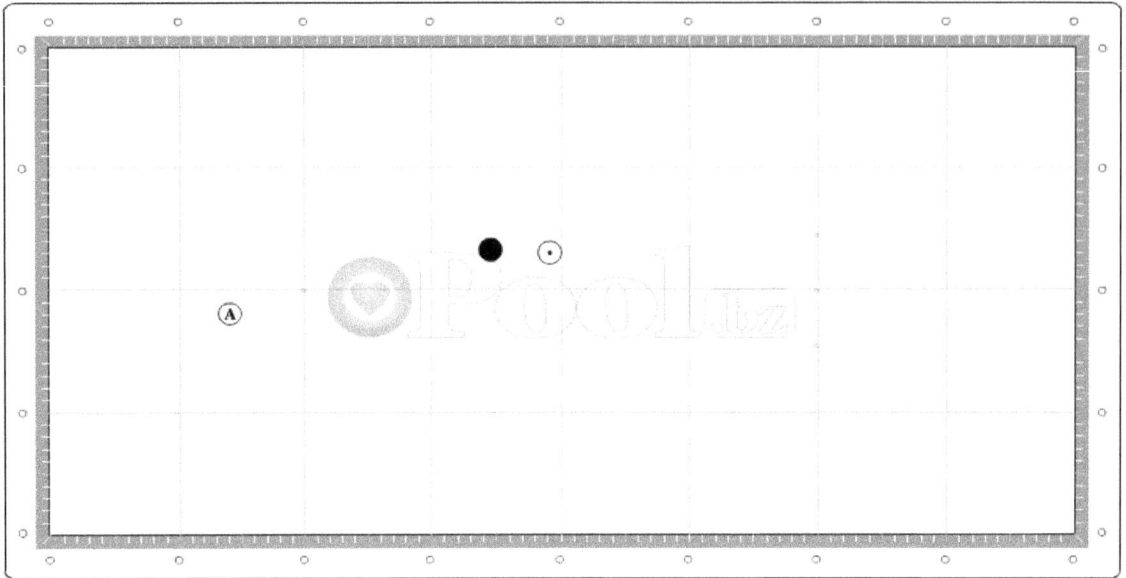

Noter og ideer:

Afspilning mønster

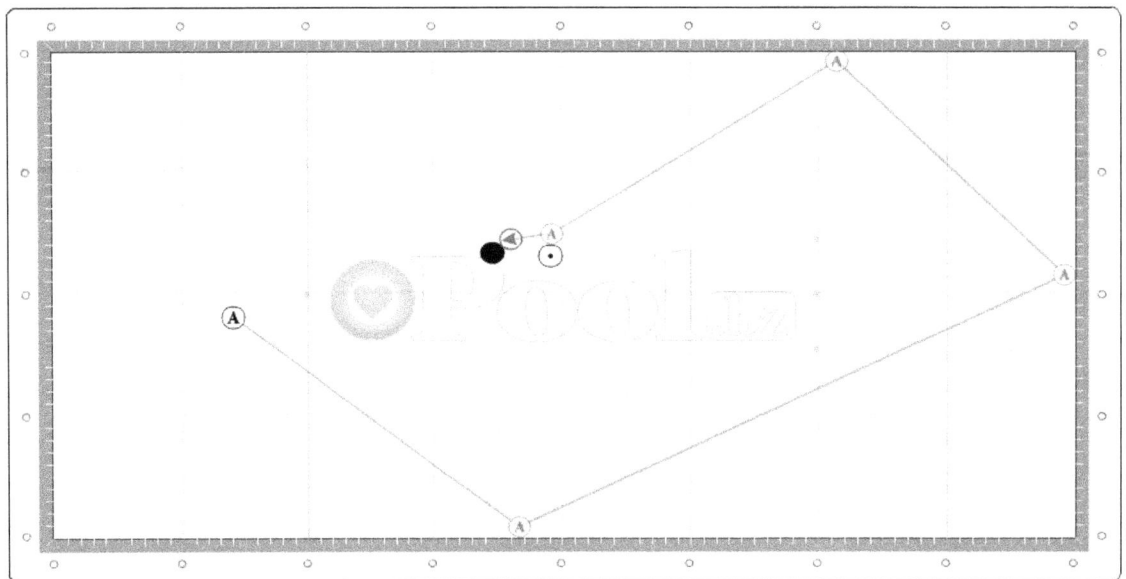

E:5d – Setup

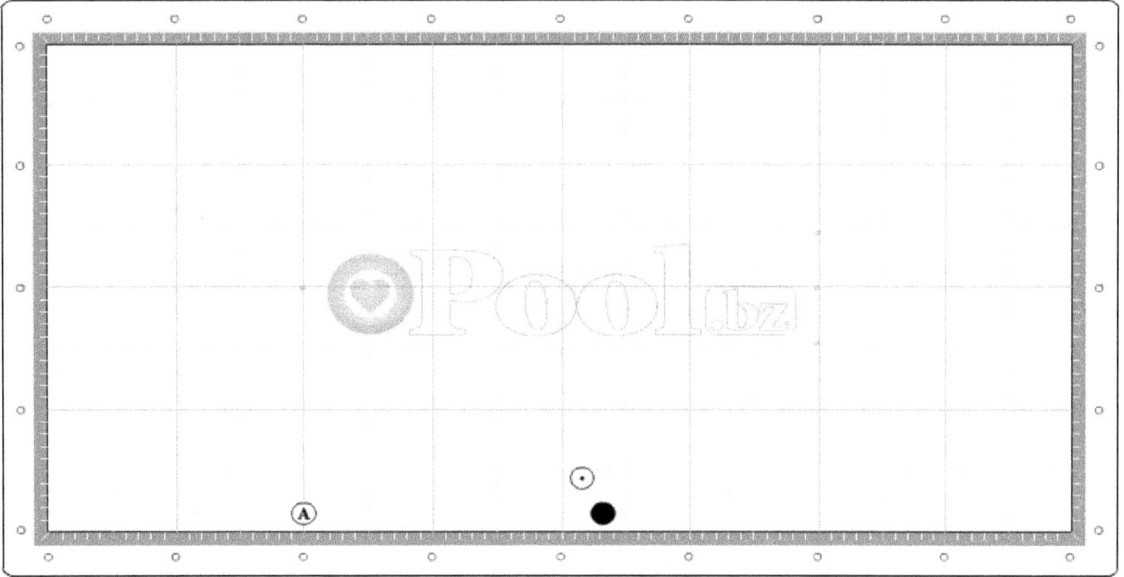

Noter og ideer:

Afspilning mønster

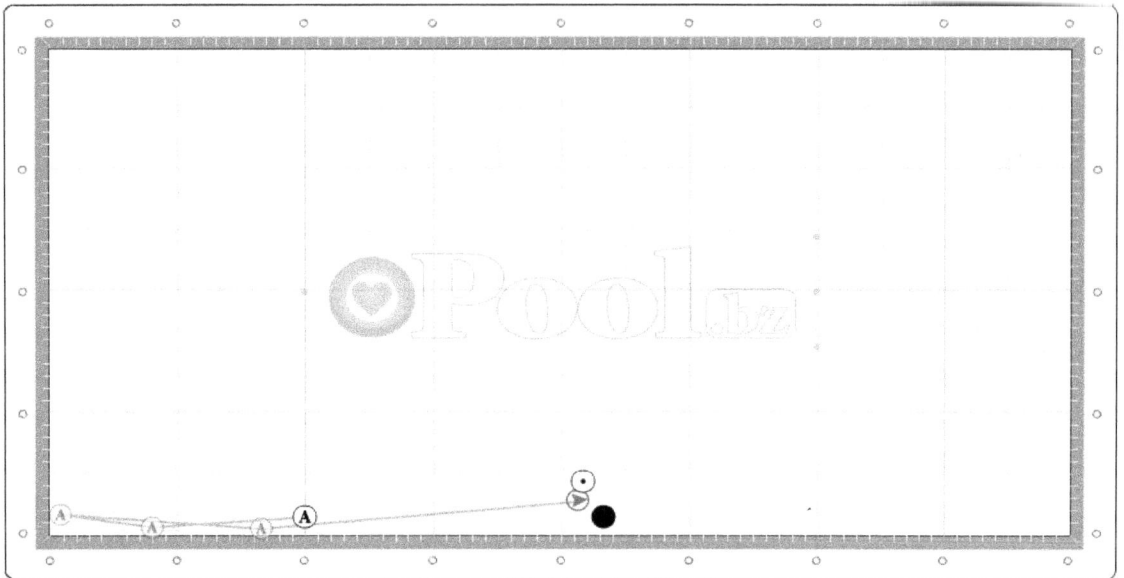

E: Gruppe 6

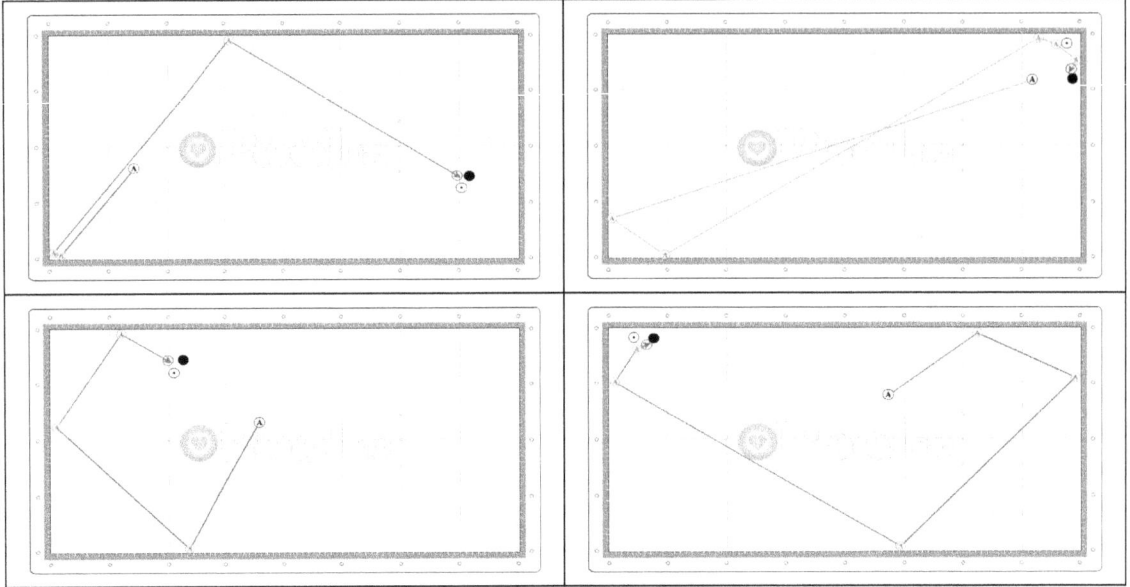

Analyse:

E:6a. _____

E:6b. _____

E:6c. _____

E:6d. _____

E:6a – Setup

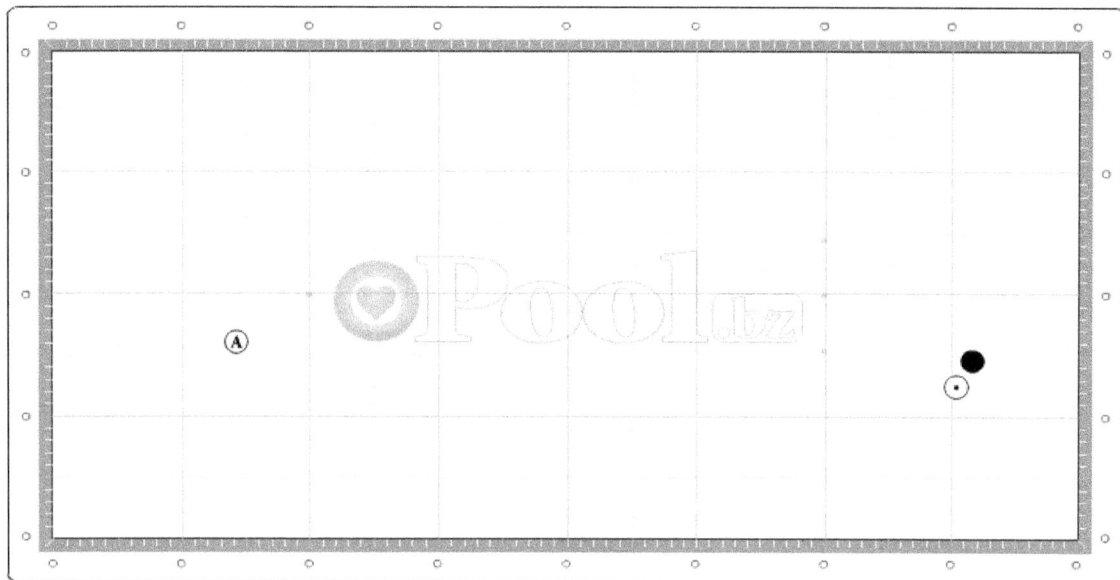

Noter og ideer:

Afspilning mønster

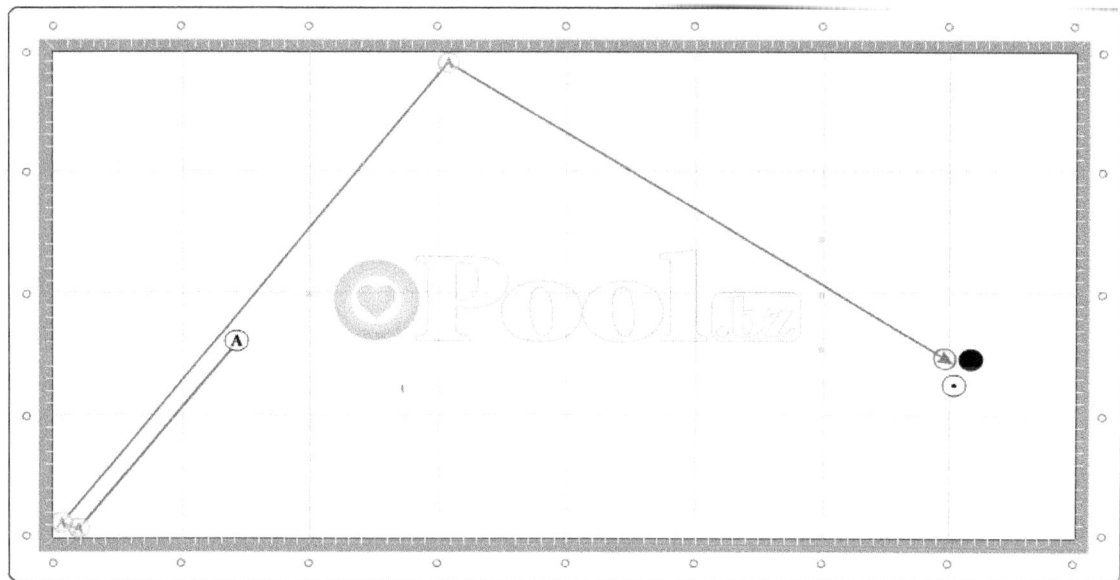

E:6b – Setup

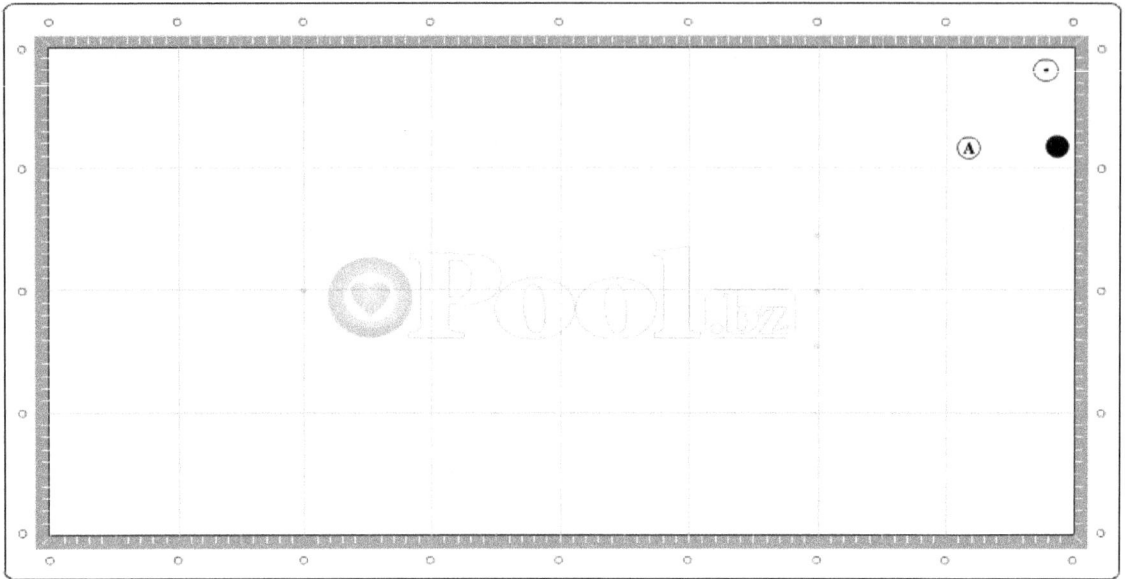

Noter og ideer:

Afspilning mønster

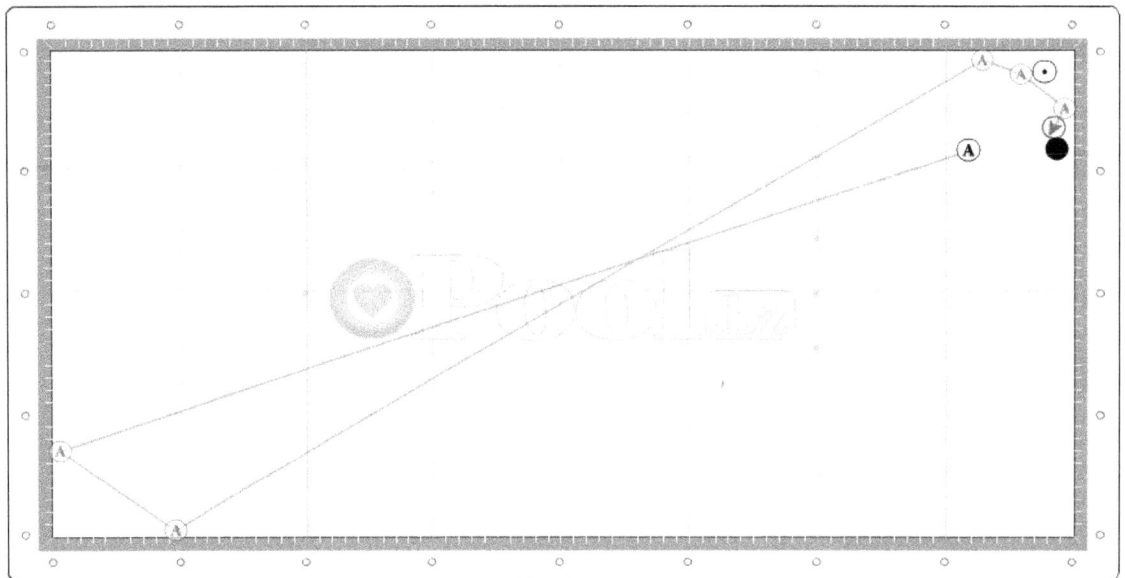

E:6c – Setup

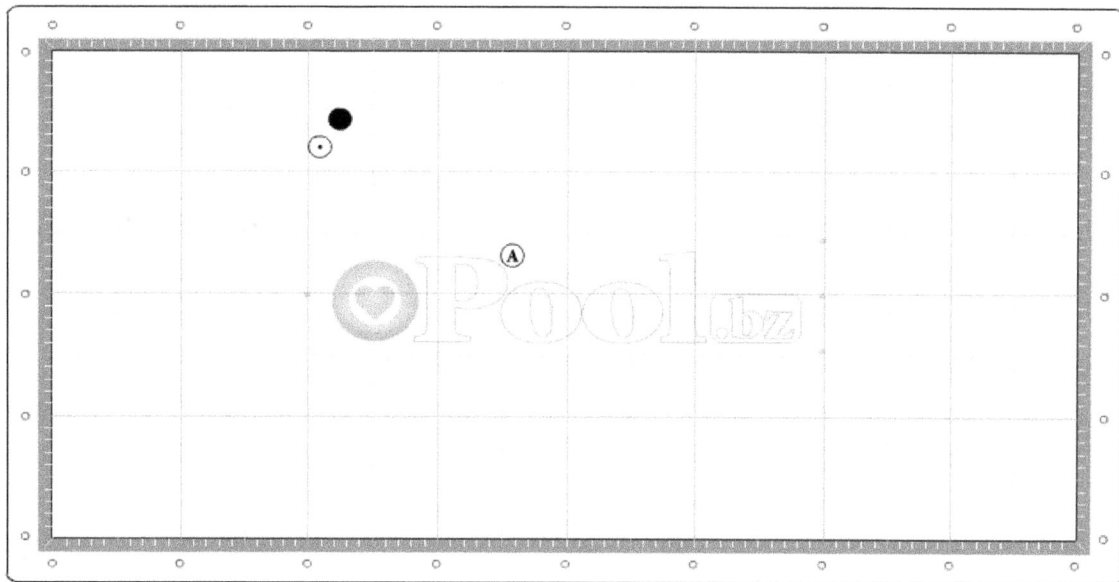

Noter og ideer:

Afspilning mønster

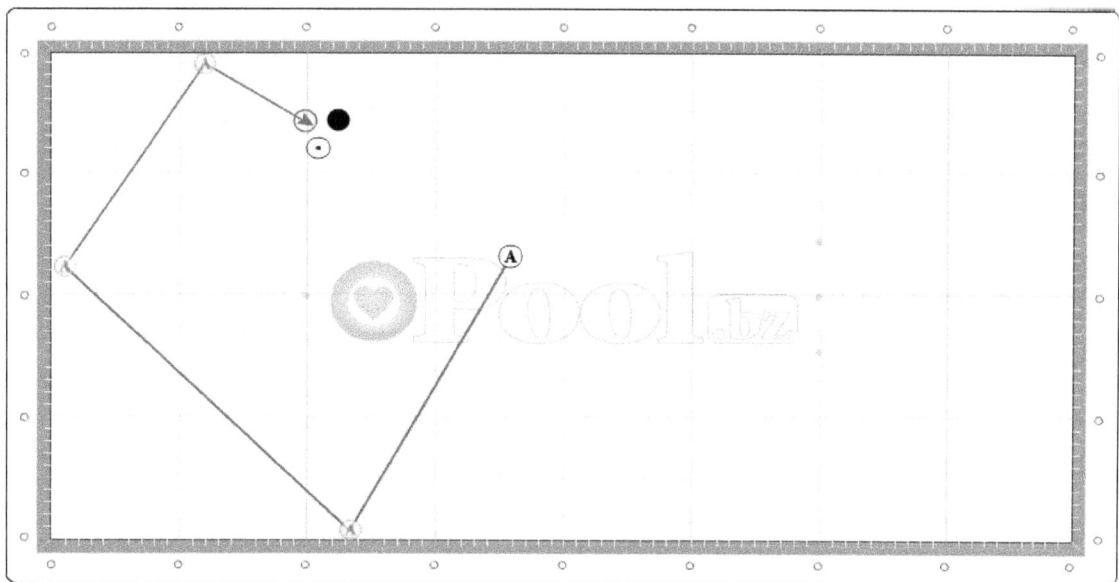

E:6d – Setup

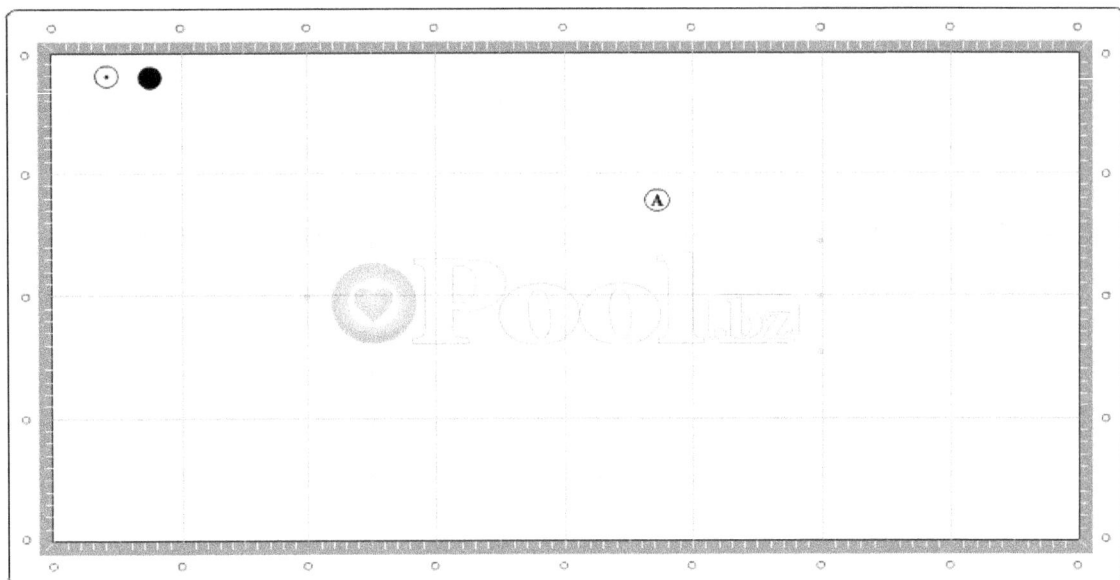

Noter og ideer:

Afspilning mønster

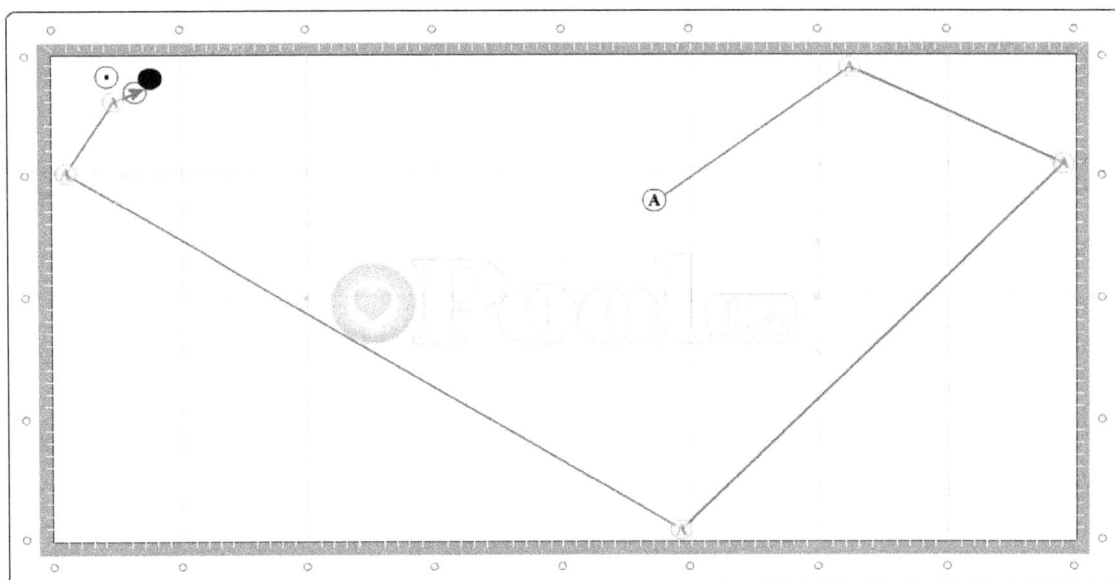

F: 4 + bander først

Skytteren sender (CB) i fire (eller flere) puder før (CB) kontakter den første (OB). Nogle gange er de ekstra puder uheldige.

(A) (CB) (din billardkugle) – ⊙ (OB) (modstander billardkugle) – ● (OB) (rød billardkugle)

F: Gruppe 1

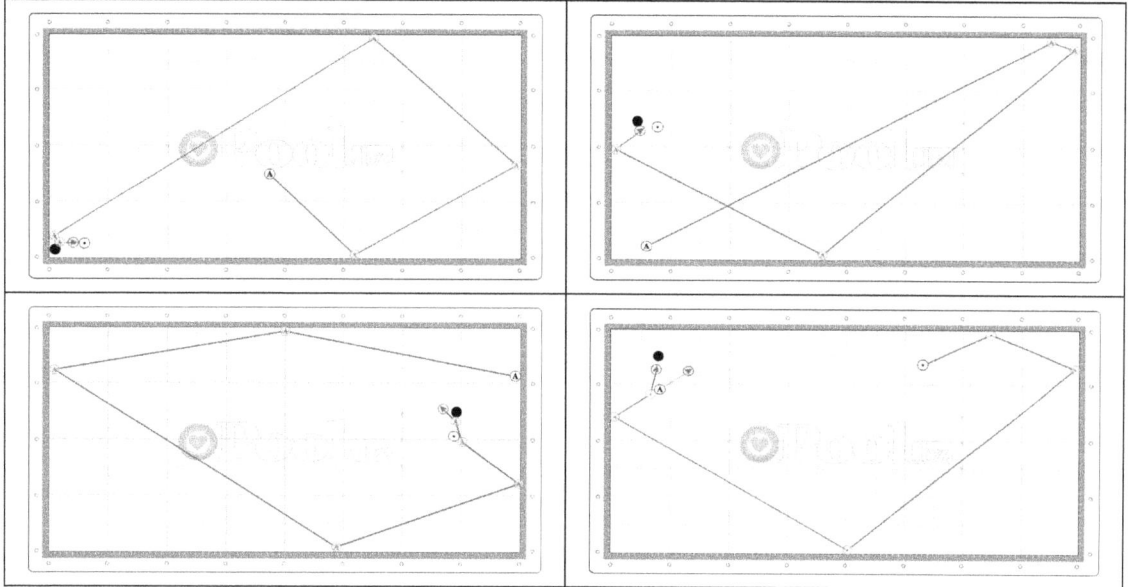

Analyse:

F:1a. _____

F:1b. _____

F:1c. _____

F:1d. _____

F:1a – Setup

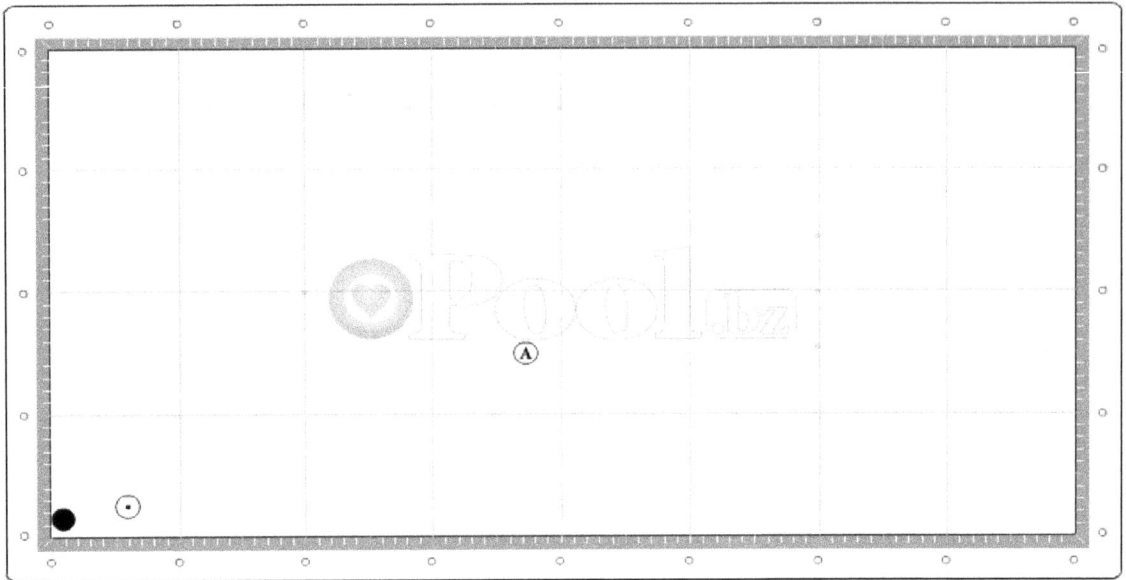

Noter og ideer:

Afspilning mønster (4 rails)

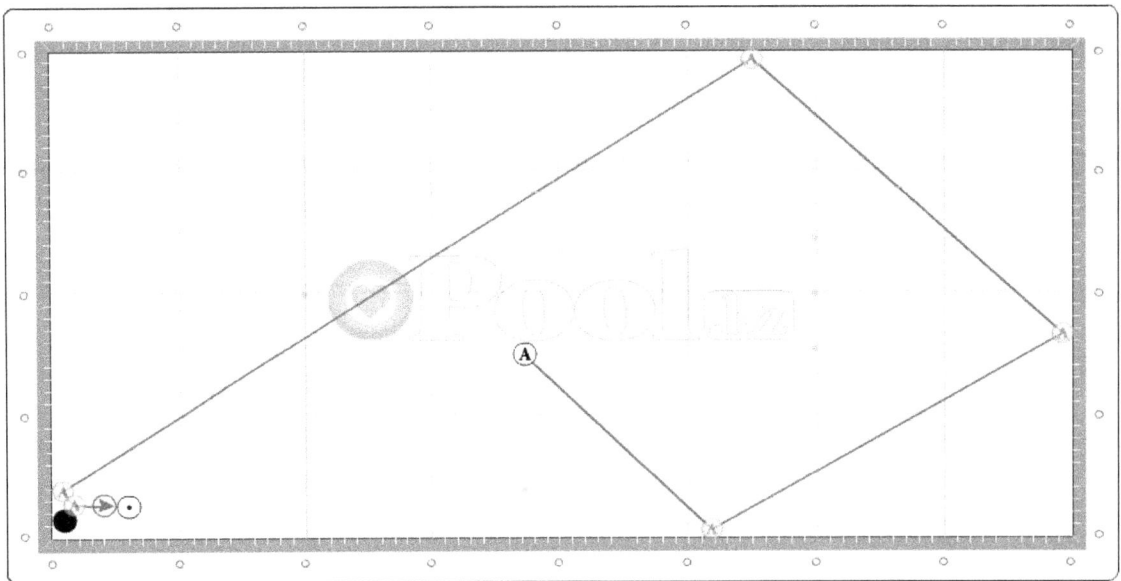

F:1b – Setup

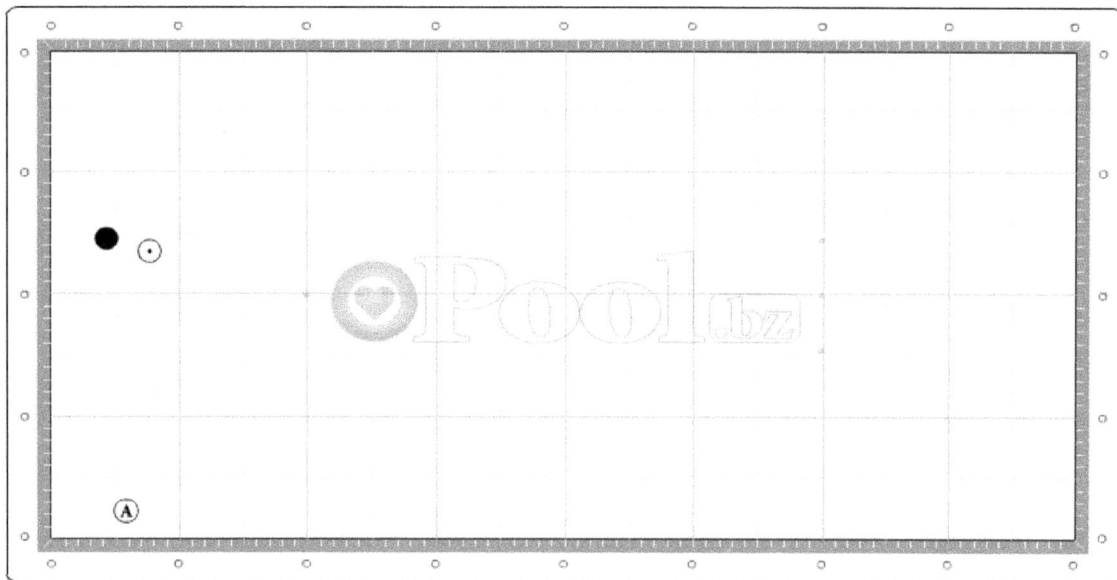

Noter og ideer:

Afspilning mønster (4 rails)

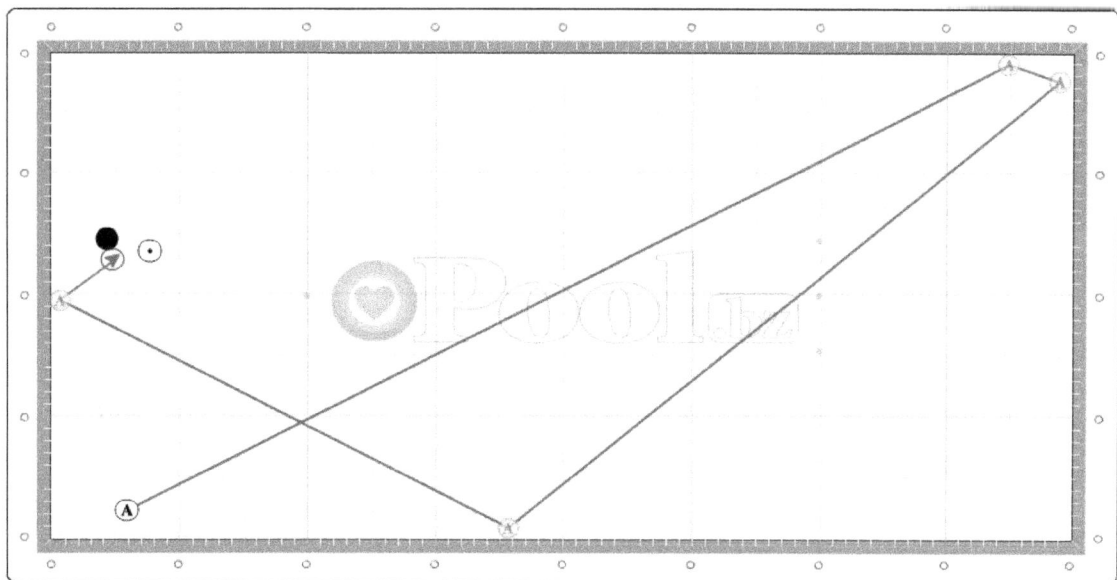

F:1c – Setup

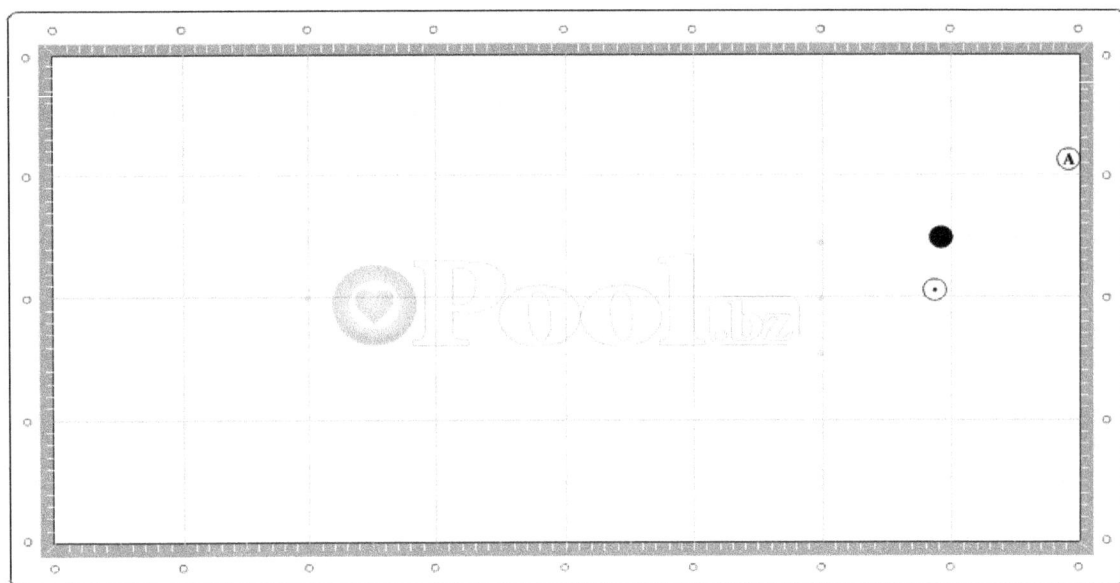

Noter og ideer:

Afspilning mønster (4 rails)

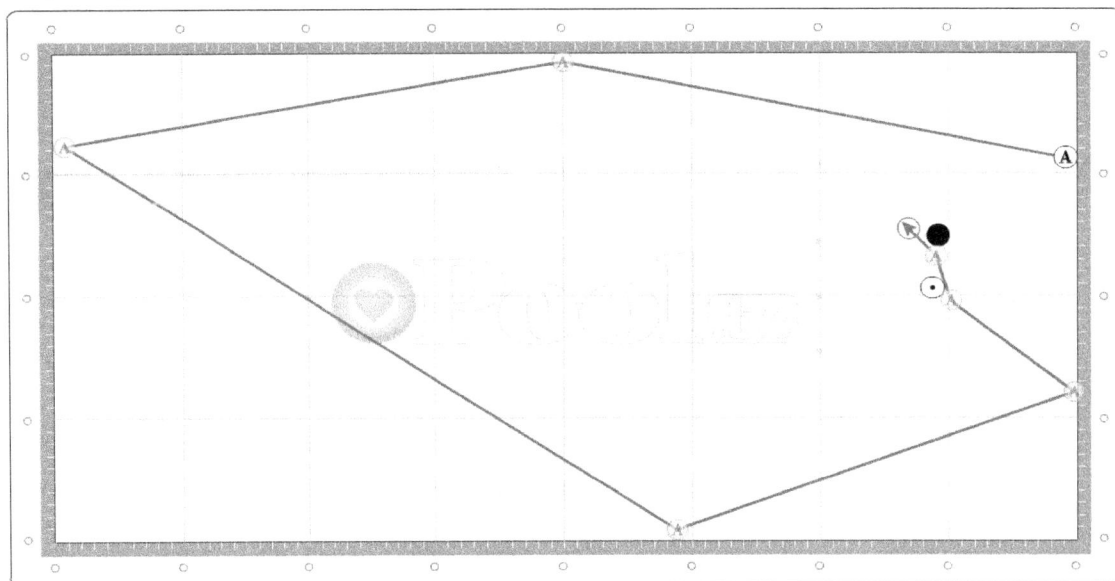

F1d – Setup

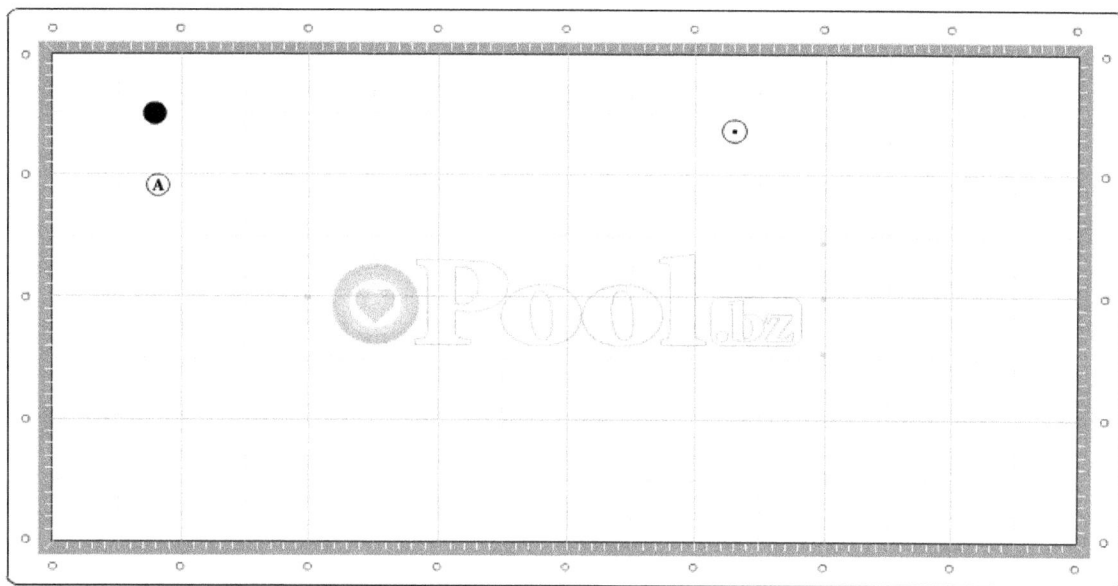

Noter og ideer:

Afspilning mønster (4 rails)

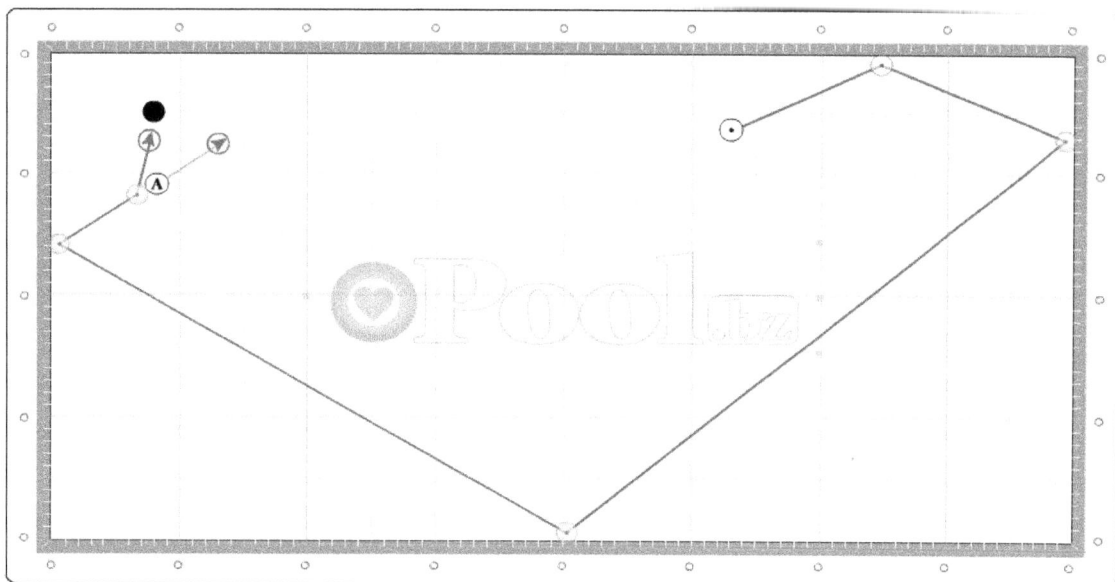

F: Gruppe 2

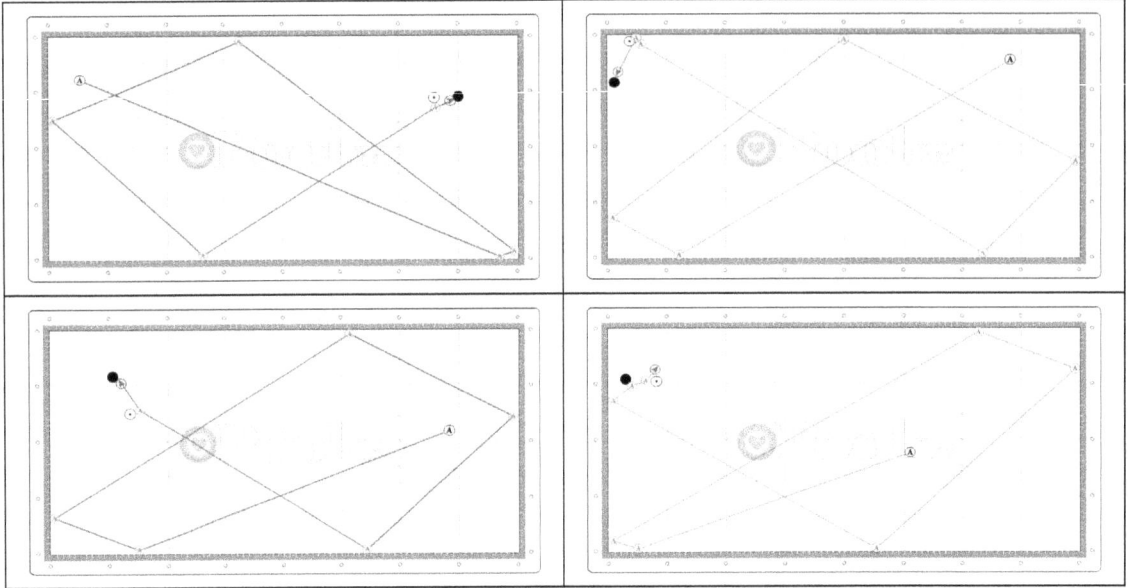

Analyse:

F:2a. _____

F:2b. _____

F:2c. _____

F:2d. _____

F:2a – Setup

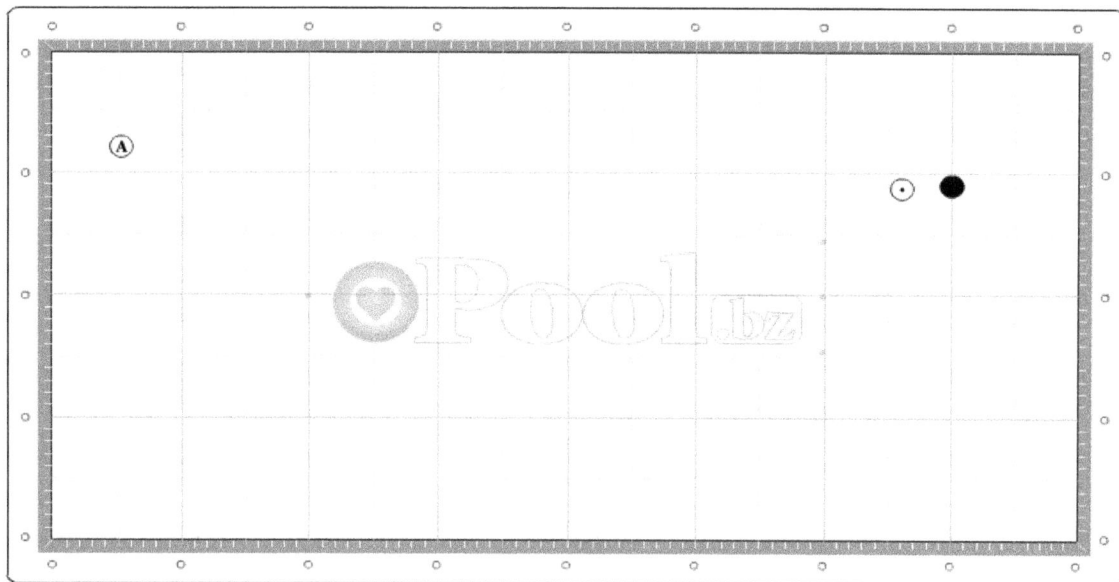

Noter og ideer:

Afspilning mønster (5 rails)

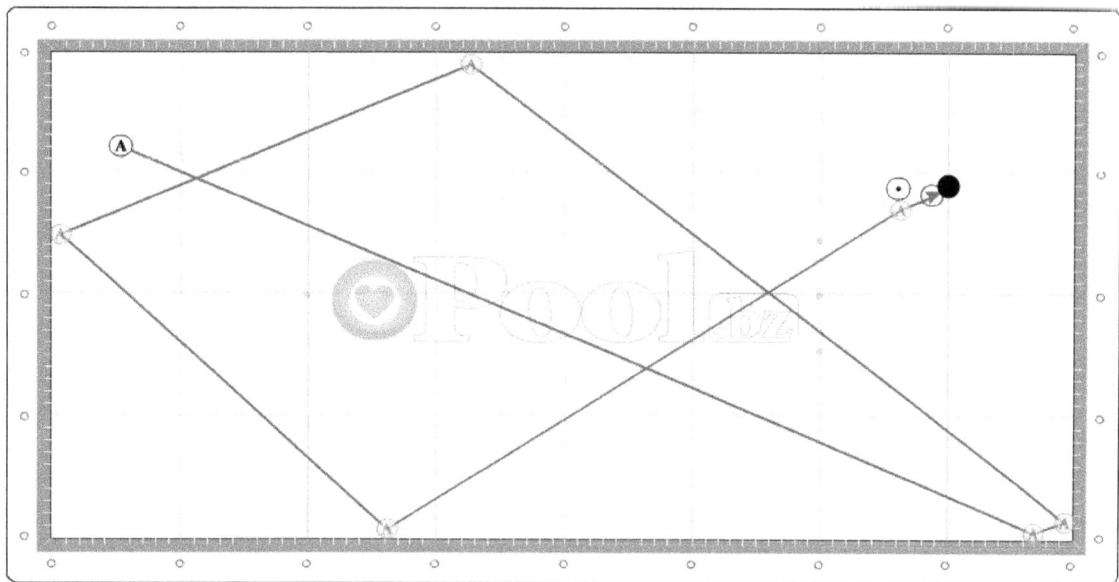

F:2b – Setup

Noter og ideer:

Afspilning mønster (5 rails)

F:2c – Setup

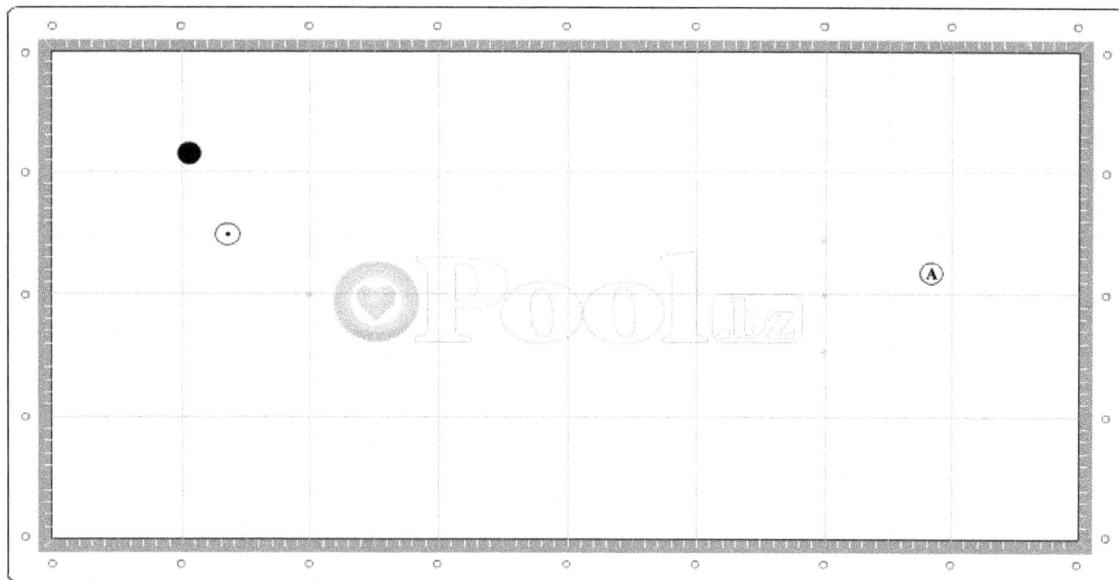

Noter og ideer:

Afspilning mønster (5 rails)

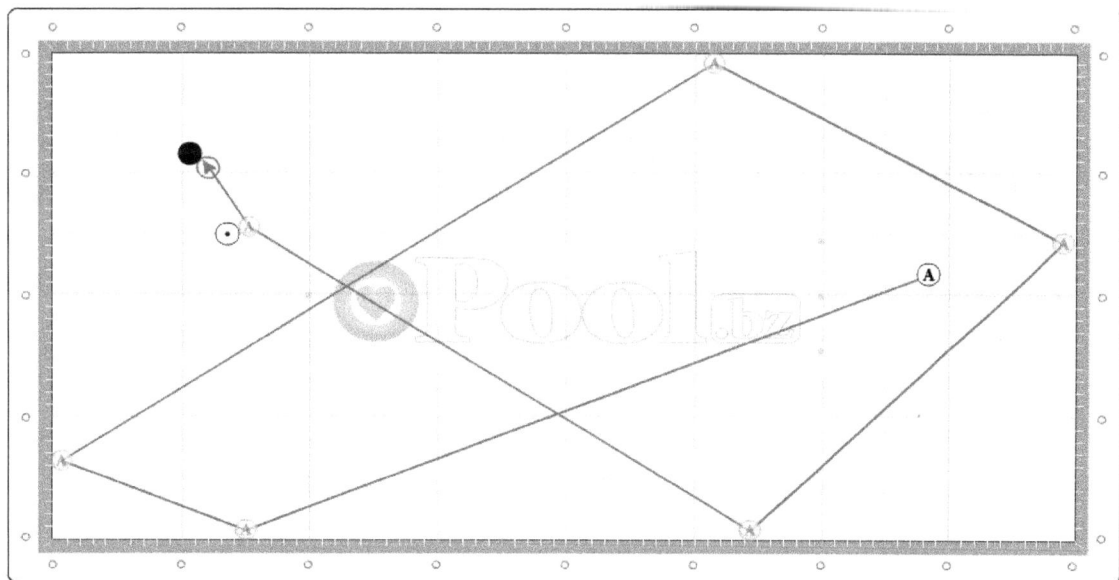

F:2d – Setup

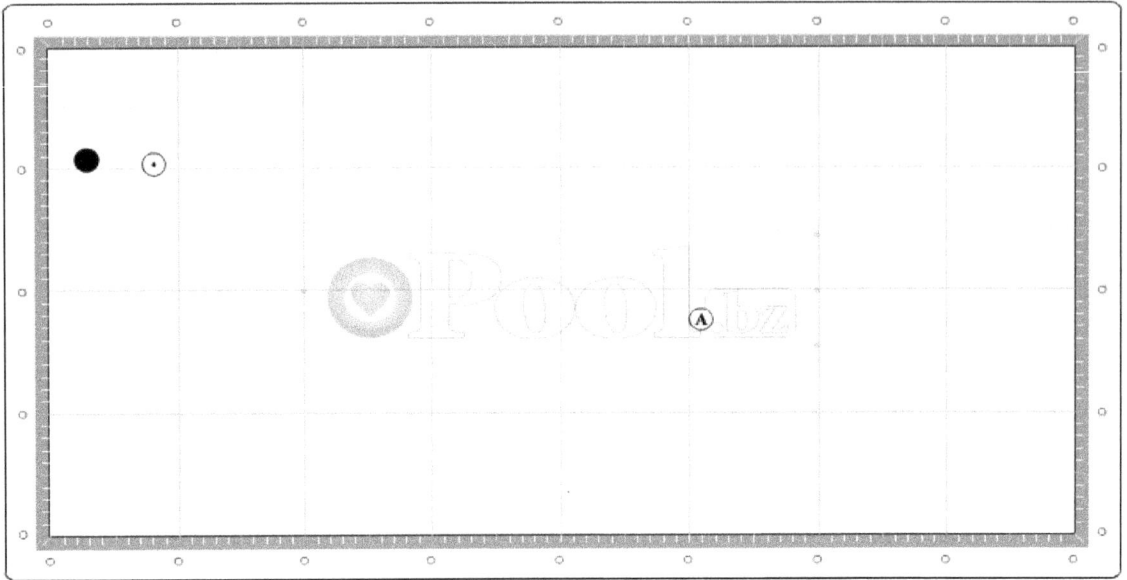

Noter og ideer:

Afspilning mønster (6 rails)

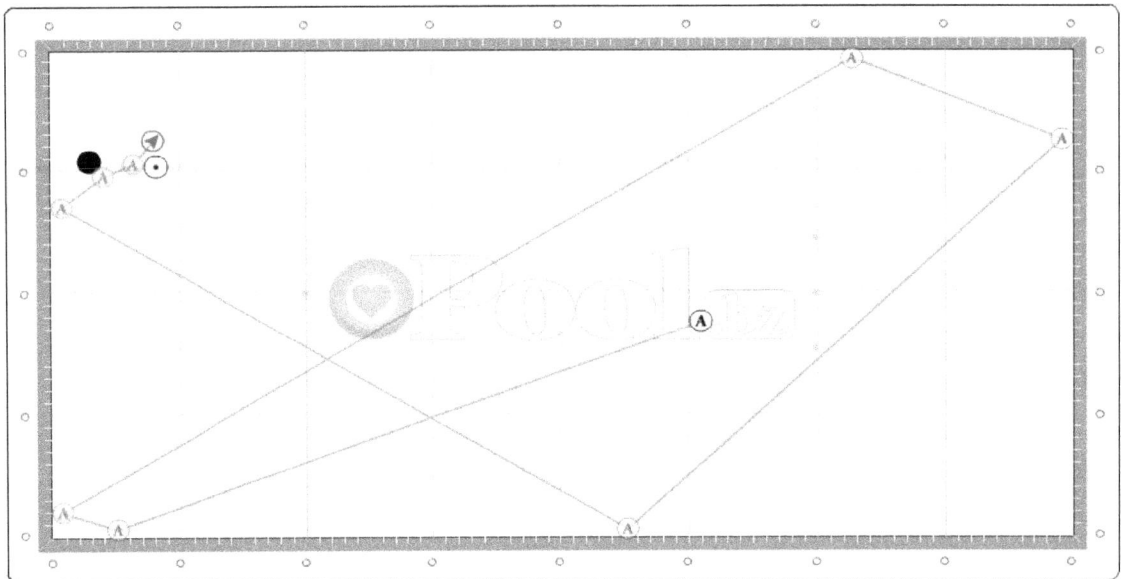

www.ingramcontent.com/pod-product-compliance
Lightning Source LLC
Chambersburg PA
CBHW062048090426
42740CB00016B/3057